推薦と一般入試の

図解でわかる!! 作文・小論文

3週間で仕上げる「短期集中トレーニング」

声の教育社

別冊編

■推薦と一般入試の作文・小論文

過去出題の課題研究

別冊の内容

1 課題約2000例を代表的な15パターンに分類!!

●最近の傾向&展望と対策

2 着眼点 キーワード ポイントを各パターンごとにコメント!!

●作文・小論文を書きやすくするためのアドバイス

3 推薦一般入試の課題作文・小論文実施校と課題例を一挙掲載!!

●首都圏の課題作文実施私立高約150校を調査

4 首都圏公立高校の最近の課題(条件)作文を調査!!

5 東京都立高校・千葉県公立高校の推薦入試課題例全調査!!

声の教育社

推薦・一般入試　**高校作文・小論文入試を受ける皆さんへ**

最近数年間の作文・小論文課題傾向と これからの展望と対策!!

《1》 作文・小論文入試のポイント！

はじめに，入試で作文・小論文が課せられるのはなぜかを押さえておきましょう。

高校側は，特に推薦入試において，「本当に本校に入学したいのか」「本校にとってふさわしい生徒なのか」という２つの視点で選考します。しかし，調査書だけではそれを推しはかることが難しいので，面接や口頭試問，作文・小論文などを課し，受験生の人物像や志望の度合いを知ろうとします。

ここまでなら面接や口頭試問でも判断できますが，制約上，短時間で行わなければならず，受験生の内面的なものにいま一歩迫りにくい面があります。それに対して，作文・小論文の場合は，たとえばダイレクトに志望動機を書かせたり，入学後の抱負を課題としたりすることで，人がらや意欲がより明確に表れるので，それを十分に把握することができます。

さらに，作文・小論文では，受験生の国語力をはかることができます。文章表現力はもちろんのこと，語彙《ごい》力や文法知識の習熟度，論理的思考力の程度まで見ることができます。文章や図表(グラフなど)を与えたうえで作文させるような課題では，それらの読解力を試すことも可能です。

このように，作文・小論文は，①人物像(人がら)，②志望の動機や意欲，③総合的な国語力の３つを同時に見ることができるので，試験に課せられるのです。

したがって，作文・小論文の対策としては，まず素地《そじ》となる国語力を高めること，そして，志望理由やものごとに対する自分の考えをまとめ，きちんと書き表せるようになること，この２点が大きな目標となります。

《2》 どんな課題が出題されるのか!! 課題例は15パターンに分類できる

さて，首都圏各私立高校の推薦入試・一般入試の課題作文について調査したところ，調査できた学校数約400校のうち，約37%の学校が作文・小論文を採用していることがわかりました(2020年度)。

また，数ある作文・小論文の課題を内容的に分析，分類してみたところ，面白いことに課題の大半は15のパターンに要約されることがはっきりしました。

課題例15パターン

①高校生活への期待と抱負
②中学校生活で心に残ったこと
③志望理由
④私の将来
⑤私にとって大切なもの・感動したこと
⑥読書やテーマの感想文
⑦私の夢（理想）
⑧私の家族
⑨学業とクラブ活動
⑩夢中になったこと・努力したこと
⑪自己紹介
⑫友人・尊敬する人
⑬環境・ボランティア
⑭時事関連
⑮特殊課題

《3》 自分なりの対策を!!

これらの課題例についてはある程度，出題者側の評価のねらいを考えてみたうえで，⑭時事

関連，⑮特殊課題を除く①～⑬の課題例についてはテーマや構想をまとめておき，知識や語彙を豊富にしておくことが大切です。できれば400～600字ぐらいで自分なりの作文例をいくつかのパターンで書いてみることが最もよい対策となるでしょう。次に，時事関連については新聞記事やテレビのニュースなどにいつも注意して問題意識を持つとともに一般的な知識をたくわえ，自分の考えをまとめる習慣を身につける必要があります。また，特殊課題はその学校独自のユニークな出題ですから，出たとこ勝負でいくしか方法はないわけですが，これは思考力，表現力，文法知識など，基本的な国語の力が大きくものをいいます。

《4》 課題作文・小論文のアドバイス

(a)テーマ(出題) 出題された課題について自分なりのテーマ(作文を書くうえで一番中心となる思想内容で，切り口などともいわれる)を設定します。テーマは，大きなものを設定すると文の内容が散漫かつ構成が複雑になりやすく，短時間ではまとめにくくなるので，なるべく身近な事例にしぼって書くほうが賢明です。

(b)構想と段落 テーマが決まったならば，構想(文の組み立て方)や段落を大まかに決めます。描写や意見，書きこむ対象などが変わるときには段落を切ります。また，構想や段落は最初からある程度設定しておいたほうが無難です。できれば適切な比喩《ひゆ》，ことわざなども文中に用い，とくにクライマックス(やま場)の表現や，書き出しとしめくくりの数行などは工夫しておくとよいでしょう。

(c)文体 話しことばの「です・ます調」か，書きことばの「である調」かに文体を決め，統一することが必要です。体言止めや言い切りなども工夫があってよいでしょう。文章は短文の積み重ねのほうが書きやすいうえに，わかりやすくなります。

(d)推敲(すいこう) ひと通り書き終わったら，誤字，脱字，句読点ミス，適切でない表現，不十分な表現などがないか見直し，文脈のねじれなども整理して，文意が通りやすくなるようにします。

下書きと清書の時間配分は必ず最初に決めておき，清書の時間がなくなってあわてないようにしましょう。

《5》 課題作文・小論文　出題校調査

首都圏調査対象校(首都圏私立高校，東京都立高校，千葉県公立高校)約700校のうち，約330校が推薦・一般入試で課題作文・小論文を実施していますが，そこで出された課題を15パターンに分類したときの出題数をまとめたものが次ページの表Aです。これを見ると，⑮特殊課題，①高校生活への期待と抱負からの出題が飛び抜けて多く，次いで多い②中学校生活で心に残ったこと，⑥読書やテーマの感想文をふくめると，実に全体の約3分の2を占めることがわかります。

また，文字数，時間制限について分析した結果が次ページの表Bです。文字数は400～800字に集中しており，時間制限は圧倒的に50分が多くなっています。50分前後の制限時間内に400字詰め原稿用紙1～2枚を書き上げるというの

課題作文実施　私立高校の比率

		東京	神奈川	埼玉	千葉	茨城	その他	合計
調査できた学校		187	58	47	58	24	25	399
実施する	課題作文公表校	70	15	6	18	3	2	114
	課題不明・非公表校	11	7	1	5	4	6	34
実施しない		106	36	40	35	17	17	251

(2020年度)

が，一般的な試験スタイルだといえます。

受験校の出題傾向が顕著《けんちょ》でない場合は，上記の傾向にしたがって，少なくとも数回は練習をしておくとよいでしょう。

なお，課題作文・小論文が実施されるかどうかなどについては，各受験校の案内・入試要項・ホームページなどで事前にご確認ください。

【表A】 首都圏私立・公立高校　課題パターン調査

課題パターン	首都圏私立高校	東京都立高校	千葉県公立高校	合　計
①高校生活への期待と抱負	199	236	38	473
②中学校生活で心に残ったこと	68	48	10	126
③志望理由	43	13	3	59
④私の将来	30	29	15	74
⑤私にとって大切なもの・感動したこと	42	7	8	57
⑥読書やテーマの感想文	26	83	1	110
⑦私の夢(理想)	52	29	12	93
⑧私の家族	2	0	0	2
⑨学業とクラブ活動	15	17	1	33
⑩夢中になったこと・努力したこと	26	12	3	41
⑪自己紹介	50	3	1	54
⑫友人・尊敬する人	11	0	0	11
⑬環境・ボランティア	12	23	4	39
⑭時事関連	30	9	0	39
⑮特殊課題	201	516	43	760
詳細不明	174	0	5	179
合　計	981	1025	144	2150

※2016～2020年度の５年間を調査。

【表B】 首都圏私立・公立高校　文字数・時間制限調査

		首都圏私立高校	東京都立高校 千葉県公立高校	合　計
文字数	300字以内	14	198	212
	300～400字以内	117	79	196
	400～600字以内	268	695	963
	600～800字以内	262	90	352
	800～1000字以内	5	0	5
	1000字以上無制限	27	15	42
	詳細不明	101	23	124
	合　計	794	1100	1894
時間制限	20～30分	48	18	66
	40～45分	126	31	157
	50分	338	813	1151
	60分	106	60	166
	70分以上無制限	4	1	5
	詳細不明	176	0	176
	合　計	798	923	1721

※2016～2020年度の５年間を調査。

課題例 15パターンの出題校数と作文・小論文を書きやすくするアドバイス!!

※出題校数は，2016～2020年度の首都圏私立高校，東京都立高校，千葉県公立高校を対象としたもので，のべ数です。

1 高校生活への期待と抱負

類題 ①高校生になってやってみたいこと。②中学校で学んだことを高校でどう活かすか。③高校生としての心構え。

出題校数 ➡473校	2位／15パターン中

《着眼点》 高校時代は一生の中で二度とない，最も感受性の豊かなときであり，いわゆる社会生活における利害とも無縁な時期であることも考えて書く。面接でもよく聞かれる質問である。

《キーワード》 これから勉強したいこと，友人，クラブ活動，将来の目標，興味や関心のあること。

《ポイント》 「感受性が豊か」ということの関連では，生涯を通じての「友人」を作る時代。興味や関心のあることについては，クラブ活動・ボランティア活動・海外でのホームステイなども交えて具体的に書く。将来の目標を見つけるという点では，人間的成長とからめて書くとよい。

2 中学校生活で心に残ったこと

類題 ①中学校３年間を振り返って。②中学校生活の反省点。③中学校で学んだ大事なこと。

出題校数 ➡126校	3位／15パターン中

《着眼点》 文化祭・体育祭といった大きな行事や部活動，生徒会活動などを取り上げるのもよいが，中学校生活３年間で経験した身近なできごとを正直に書いてもよい。

《キーワード》 先生や友人との人間的なかかわりあい，文化祭や体育祭などの行事での隠れたエピソード，クラブ活動などで地道に努力したことがらや大会優勝，登下校のさいにふと出あったことなど。

《ポイント》 まず中心となることがらを書き，それが自分の感情をどのように揺さぶったか，また，それが人間としての成長や思いやり，やさしさとどうつながるのかなどを書いてしめくくるのもよい。

3 志望理由

出題校数 ➡59校	7位／15パターン中

《着眼点》 面接でもよく聞かれる質問なので，志望する学校・学科の内容をよく調べて，具体的に説明したり書いたりできるようにしておくこと。

《キーワード》 先生や両親の勧め，伝統や教育方針(具体的に)が自分に向いている，通学の便，両親または兄姉の出身校，学校の雰囲気，制服，学校説明会で受けたよい印象。

《ポイント》 たんに志望校のよい点や気に入ったことを列記するのではなく，それが自分とどういう点でぴったりくるのかなどを必ず書く。なお，当然のことであるが，学校に対してマイナスになるようなことは書かないこと。

4 私の将来

類題 ①将来の抱負とこれまでの努力。②進路設計。③21世紀に生きる。

出題校数 ➡74校	6位／15パターン中

《着眼点》 ただ漠然と将来を語るのではなく，高校卒業後の進路(進学・就職など)や就きたい職業を明確に示すとよい。そして，そこにたどり着くまでの具体的な過程もこの中に含まれると考え，高校生活をどのように過ごすかを考えておく。そのさい，自分の個人としての性格もふまえて書くこと。

《キーワード》 進学と就職，職業・生活設計について，社会人としての心構え(責任と義務，協調性など)，国際社会の中での自分。

《ポイント》 自分の将来が問われているのだが，希望や夢だけで終わらせないためには，自分の意志と具体的段階との関連もテーマになる。また，自分個人を中心に書くのか，社会の中の一員としての自

分という観点で書くのかを考え，かりに個人を中心においたとしても社会の変化を考慮すること。

5 私にとって大切なもの・感動したこと

類題　①大切な人(こと)。②私の宝物。③私の誇れるもの。

出題校数 ➡57校	8位／15パターン中

《着眼点》　奇をてらったりせず，たとえそれが一般的には平凡なものでも，自分にとって本当に大切なものであるならば，正直に書くこと。

《キーワード》　友達，友情，信頼，家族，記念の品，愛用品，感銘を受けた本，心に残っていることば，研究，生きがいなど。

《ポイント》　なぜそれ(そのこと)が大切なのかを印象づけるためには，物質的なものを対象として書く場合にも，その背後にある心情的なもの，精神的なものとのかかわりあいをからめて具体的に書くようにする。

6 読書やテーマの感想文

類題　あたえられた文章を読んで，要約文や意見文を書く。

出題校数 ➡110校	4位／15パターン中

《着眼点》　読んだ本(または，あたえられた文章)が短いものであっても長いものであっても，その中には自分の考えを示すことができる部分があるはずなので，そういった点を見つけるようにする。また，読書についてのべるときは，自分の読書の様子や読書に対する考えをまとめる。

《キーワード》　文章中に何度も出てくることば，～ではないか・～だと考える(断定的な表現を避けながら，自分の意見や感想を明確にのべるときに用いる)，読書の必要性，読書の習慣，好んで読むジャンル。

《ポイント》　内容全般についてのべる場合は，まず書かれている内容をある程度の長さでまとめたうえで，それに対して自分の考えや思うところを，具体例を添えながら賛成・反対にかかわらず明確にのべる。また，一部分についてのべる場合は，書かれていることの意味が損なわれないように抜き出し，解釈の必要があればそれを加えながら，そうでなければストレートに自分の考えや感想をのべる。なお，読書については，その大切さに触れつつ，自分が読書を通じて得たものなどを書くとよい。

7 私の夢(理想)

類題　①私の夢と理数コース。②夢。③夢をかたちに。

出題校数 ➡93校	5位／15パターン中

《着眼点》　夢を課題とする作文は2つに分けられる。つまり，具体的な手段や努力で人間の手の届く範囲にある夢と，実現するかどうかは関係ない夢物語風の空想的な夢である。前者の具体的な夢や希望と目標に向かっての努力を書いてもよいが，後者のように夢を夢として楽しむという考え方をベースに書くのも面白い。

《キーワード》　努力，希望，家庭，職業，あこがれ，社会的地位。

《ポイント》　どんな人間になりたいのか，どんなことをしたいのかをはっきりさせる。何かを実現させようというような夢を書く場合には自分との結びつきを，また，その夢の実現には何をなすべきかなどを必ず書き添える。夢物語的な内容で書く場合は，それが心のやすらぎや自分を勇気づける根拠になる理由を書く。夢が実現したときの喜びと，その後に訪れる虚脱感からのべてもよい。一例として，プロ野球の選手になるため学校の野球部に入部し，基礎から理論と技術を身につける，コンピュータ技術者などの分野と科学の発達，技術立国，社会の発展などを結びつける。

8 私の家族

出題校数 ➡2校	15位／15パターン中

《着眼点》　家族全体でかもし出す雰囲気をまずのべ，それが家族各人のどのような性格や個性が組みあわさって作り出されているのかを書くのも一つの方法。オーソドックスに家族各人を紹介する内容に

する場合も，必ず家庭との結びつきをもたせるようにしたい。

≪キーワード≫ 性格，大黒柱，団欒《だんらん》(まどい)，夕食時，結びつき，明るさ，まとまり，よい点・悪い点，ユニークさなど。

≪ポイント≫ どのような内容で書いたとしても，家族各人の個性やその家独特の雰囲気が読み手側に伝わるように書く。また，よい面ばかりの家族というのはあまり考えられないので，長所が逆に欠点となる場合なども書き添えるとよい。

9 学業とクラブ活動

類題 ①スポーツを通して学んだこと。②スポーツと私。③真のスポーツマンになるために。

出題校数 ➡33校	13位／15パターン中

≪着眼点≫ 学業とクラブ活動がもつ意義と役割，両者を両立させることの困難さ，両立させる具体的方法，スポーツがどのくらい自分の精神的成長の糧《かて》となったか，これからしてみたいこと。

≪キーワード≫ 学業とクラブ活動の時間配分，両立させる意志，知識と協調性，敢闘精神やチャレンジ精神，スポーツマンシップ，可能性，自分の中の隠された面など。

≪ポイント≫ 自分が実際に学業やクラブ活動を通して経験したこと，感じたことや考えさせられたことが，自分の性格にどのような影響をあたえたか，また，そういう活動を通して社会に対する見方がどのように変わってきたかなどをのべる。

10 夢中になったこと・努力したこと

類題 ①熱中したこと。②中学校生活で打ちこんだこと。

出題校数 ➡41校	10位／15パターン中

≪着眼点≫ なぜそれが自分をそんなにひきつけたのかを，自分の個性とのかかわりの中でのべる。その結果，自分によい影響を残したか，悪い影響を残したか，自分の精神的な成長の糧となったのかを書くのもよい。あるいは，熱中した対象の魅力について書くのも一つの方法。

≪キーワード≫ 研究，趣味，スポーツ，クラブ活動，生徒会活動など。

≪ポイント≫ 対象との出あい，ひきこまれていく過程と対象のもつ魅力，とりこになったときのエピソード，そこから得たものを若干の反省を加えてまとめるのがオーソドックスな書き方。

11 自己紹介

類題 ①自分の長所・短所。②性格。

出題校数 ➡54校	9位／15パターン中

≪着眼点≫ 自分がどんな人間であるか，主として何をやってきたかなどをのべる。また，長所と短所はコインの表裏の関係にあり，場合によっては逆に変化することにも着目するとよい。

≪キーワード≫ 出身校，家庭，趣味，部活，性格(のんびり屋，短気，嫌なことはすぐ忘れる，くよくよする，明るい，気が強い，気が小さい，神経質，よく気がつく，思いやりがある，やさしいなど)。

≪ポイント≫ 素直な気持ちで自分を客観的に観察して書く。欠点をあげた場合はそれを直していこうとする意欲，長所をあげた場合はそれを伸ばそうとする努力を書く。

12 友人・尊敬する人

類題 ①友情。②私の理想の人。

出題校数 ➡11校	14位／15パターン中

≪着眼点≫ 何人かの友達をあげ，それぞれの友達に関するエピソードなどを交えながら自分とのつながりを正直に書く。あるいは，一人の友達にしぼって，その友達との人間的つきあい，関係を深く掘り下げてのべてもよい。尊敬する人をあげるときは，自分がよく知っていて，なおかつ尊敬できる点を明示できる人物であることが大切。

≪キーワード≫ 友情，信頼，親友，十人十色，類

は友を呼ぶ，身近な人物（父母・先生などでもよい），国際的な著名人，歴史上の人物など。

《ポイント》 自分の周囲の友達の性格などをあげながら，なぜその人と友達なのかを書く。また，友達とはどのようなもので，どのような人間関係をもてたら理想的かなどを書いてもよい。尊敬する人については，自分があげた人物のどこに尊敬の念を覚えるかを具体的に書いて，それが自分の成長にどのような影響をあたえているかをのべるとよい。人物伝・英雄伝などもよく読んで，時代背景や実行力・判断力などについても考えておきたい。

13 環境・ボランティア

類題 ①私にできる環境保護。②ゴミ問題。③ボランティア活動の必要性。

出題校数➡39校	11位／15パターン中

《着眼点》 自分の知識の範囲内で，決められた時間に書かなければならないので，身近な問題として日ごろから自分が関心をもっている問題に内容をしぼる。

《キーワード》 自然との共存，自然破壊，リサイクル，近所の川，ゴミ処理，排気ガス，海・山・緑，酸性雨，地球の温暖化，オゾン層の破壊，ボランティアとは何か，弱者の立場，社会福祉，介護など。

《ポイント》 人間も自然の一部であって，自然を支配するものではないという立場で書く方が好ましい。地球規模の環境悪化問題については関心のあることがらを示し，これから勉強するとしてもよい。ボランティアに関しては，ゴミ拾い，老人ホーム訪問などの身近なところから始まって，国際難民や紛争地域への国際的ボランティア活動に対する感想という書き方もある。

14 時事関連

類題 ①現在最も社会的な問題となっていること。②最近感じたこと。③最近のニュース。

出題校数➡39校	11位／15パターン中

《着眼点》 なぜそれが社会問題になるのかという点に着目する。また，日ごろから大きな社会問題になっているようなことについては，新聞などで内容を整理しておく。また，時事問題に関連してうれしさを感じたこと，やさしさを感じたことなどに焦点をあてて書くのもよい。

《キーワード》 人権，紛争，異常気象（集中豪雨，干ばつなど），政権交代，産業の空洞化，日本人スポーツ選手の海外での活躍，ノーベル賞など。

《ポイント》 まず，自分が書こうとすることを明確にする。次に，出題者が社会的なことに対する関心の深さや認識の度合いを聞いているのか，問題となっていることに対する個人の意見や対策を求めているのかを区別し，出題者の意図に添う形で答える。②のような問いには，一番印象に残っていることを素直に書けばよい。

15 特殊課題

出題校数➡760校	1位／15パターン中

特殊課題は各校独自の課題であり，すべてコメントすることはできないので，ここでは5つほどの課題に触れてみることにする。

a テレビから学ぶこと

《着眼点》 ①学校や塾や家庭など日常生活で見なれたものとは異なった情報，知識をテレビはあたえてくれる。遠距離の風景や事件，歴史的発見，虚構のドラマ，政治家の討論など。視点を変えて多種多様の情報を一般家庭に送りこんでくる点に着目。②テレビの役割はどこにあるのだろうか。新聞・ラジオ・映画・週刊誌など，他のマスコミと比べてみると，速報性・伝達性・普及性・迫真性・手軽さ・娯楽性などの点ではテレビが群を抜いている。また，将来においても，映像・電話・ファックス・コンピュータなどと連動してマルチメディアの中核となることは間違いない。それだけに，テレビの機能・役割・影響・将来性などは大きすぎて簡単に作文しにくい。

《キーワード》 リアルタイム，映像，視点，情報源，未知の世界，生の姿，ニュース，報道，マルチメディア，視聴者，視聴覚教育。

《ポイント》 テレビのもつ役割と何らかの報道を結びつけて書くのも一策。2011年3月11日に発生した東日本大震災では，押し寄せる大津波に家や車，

田畑などが次々とのみこまれていく様子がほぼリアルタイムで伝えられ，お茶の間に強い衝撃をあたえた。このテレビ映像ほど，速報性・迫真性という点で他のメディアに大きくまさっていることを人々に印象づけたものはない。

b 地球と人間

≪着眼点≫ 現在，地球は人間が生活することのできる唯一の惑星であることから出発する。同時に，他の生物も人間も地球上において生きる権利は平等にもっているのであって，人間だけが何らかの特権をもつ存在ではない点もおさえる。どちらかというと13の環境問題に近い課題。

≪キーワード≫ 環境問題，宇宙船地球号，資源問題，砂漠化，異常気象，地球の温暖化，自然破壊・緑の激減，野生の動植物の減少，母なる大地，地球の過去・現在・未来，銀河系。

≪ポイント≫ 地球以外に人間の住める星はなく，それは他の動植物についても同じである。また，地球は現在そこに生活するものたちだけのものではなく，次の世代からさらにその後の世代へと受けつがれるべき生活の場である点も考慮に入れる。あるいは，人間の歴史そのものが母なる大地の恵みによって育まれたものであるから，地球が滅びるときには同時に人間も滅びるのだという内容で書いてもよい。

c ことばについて

≪着眼点≫ ことばは世の中のものごとの論理や学問の成り立ちの説明，情景の描写，心情の表現など人間の社会的生活に欠くことのできないものであり，同時にことばの使用は人間と他の動物を識別する最大のものの一つであることをおさえる。また，ことばは身内・友人・仕事仲間などといった人間関係にとっても大切なもので，日常のあいさつから始まって，人を喜ばせたり，信頼関係を築いたりする反面，人を傷つけたり，怒らせたり，悲しませたりもする。取り返しのつかないことを言ってしまったなど，マイナスに作用することも多い。学校の授業だけを考えてみても，国語をはじめ数学，外国語，社会，理科などすべてことばを媒介として成り立っているのである。ことばなくして人間社会の発展はないものといえよう。

≪キーワード≫ 笑顔，あいさつ，目つき，身ぶり，コミュニケーションの手段，取り返しのつかないことば，隠喩としてのことば，ことばは両刃の剣など。

≪ポイント≫ まっこうからことばの意義や役割などをまとめようとすると大仕事になるから，自分の経験の中でことばによって成功したり失敗したりした具体例を，ことばのもつプラス・マイナスの作用とからめて書く。ことばというものが，自分の思っている通り簡単には伝えられるものではない点に着目する。

d 窓

≪着眼点≫ ありふれた課題例だけに，さまざまなイメージが浮かび，テーマの切り口によっては奥行きの深いものを書くことができる。

≪キーワード≫ 窓の役割，絵画，ブラインド，カーテン，外界をのぞくことのできるスペース，空間と空間の境目，別の世界からの情報や文化の取り入れ口，パソコン(ウィンドウズ，インターネット)。

≪ポイント≫ いくつかのテーマの切り口をあげてみると，①長崎は江戸時代，西洋文化に対して開かれた日本唯一の窓口であった。②窓を画材として好む画家は昔から多かった。③建築上からみた窓は，物理的には木枠やアルミサッシにガラスでできており，形態としては通常の窓のほか，出窓，丸窓，観音開き窓などがある。その役割としては採光，換気，通風，展望などが考えられる。④家族団欒の場での窓，会社の窓口，電車(バス)の窓，自分の部屋の窓などについてエピソードを書くのも面白い。⑤広い世界と自分をつなぐインターネットの映像(＝窓)が出題者の意図かもしれない。

e 「もの」「心」「ことば」をテーマに作文する

≪着眼点≫ 抽象的な課題例であるだけに，大きく本質をおさえようとするとかなりむずかしい。具体的なものに結びつけて書く方が容易(ポイント欄を参照)。

≪キーワード≫ ことば＝日本語，方言，標準語，日常会話，コミュニケーションの手段，心の表現方法，心＝人間のもつ心情，気持ち，愛情，友情，忠誠，存在，実在。

≪ポイント≫ もの，心，ことばの三つを一緒に表現した一例。※5月の母の日に，いつも世話をかけている私たちの感謝のしるし(心の表現)として赤色のカーネーションの花束(もの)を「お母さんありがとう」という子ども一同のメッセージ(ことば)をつけて渡したら，涙を流して喜んだ(このようなプロットに心情や描写の肉づけをして表現してみる)。
※形のあるもの(もの)と形のないもの(心)の二つの世界を結ぶ媒体としてことばの重要性がある。

首都圏私立高校
課題作文・小論文実施校調査

1）首都圏の私立高校に対して行ったアンケート調査の結果をベースに，受験生への聞き取り調査で補ったものです。2）試験区分，文字数，時間は2020年度のもの，出題課題は2017～2020年度のものです。最新年度のようすについては，弊社毎年10月発行『合格資料集』に掲載されておりますのでご覧下さい。 3）編集の都合上，出題課題は表現を変えたところがあります。4）無断転載を禁じます。

地区		学校名	試験区分	文字数	時間（分）	作文・小論文の出題課題
東京都	千代田区	錦城学園	推薦	600	40	●大切にしている言葉 ●今までで一番感動したこと ●印象に残った最近のニュース
		麴町学園女子	推薦	600	50	●将来の夢と，その達成に向けて高校生活をどのように過ごしたいか，将来の夢を決めた理由も含めて述べる ●本校の東洋大学グローバルコースの特徴をふまえ，中学校生活において熱心に取り組んできたことと，これからの高校生活の目標を具体的に述べる ●グローバル社会を見すえて中学校で得たことは何か，また，それを今後どう活かすか ●大学で何を学びたいか，そのためにはどのような目標を立てて高校生活を過ごすか
		二松學舍大学附属	推薦	400	40	●高校で取り組んでみたいことを１つ以上あげ，具体的に述べる ●中学校生活を振り返り，どのような高校生活を送りたいか具体的に述べる ●中学校時代に取り組んだことと，高校で取り組みたいこと ●本校でどのような学校生活を送りたいか
		武蔵野大学附属千代田	推薦/併願優遇	—	30	●詳細は不明
	港区	慶應義塾女子	一般	600	60	●『ハチドリのひとしずく（辻信一）』を読み，考えをまとめる ●国民の生活調査のグラフから，非正規雇用や格差社会などの現実問題があるにもかかわらず，20代の「生活に対する満足度」が上がっていることについて考察する ●『わたしが正義について語るなら（やなせたかし）』を読んで自分が思うことをまとめる ●アメリカ大統領選挙での敗北を認めたヒラリー・クリントンの言葉（日本語訳）を読んで，自分の考えをまとめる
		正則	推薦	600	50	●中学校生活で成長した点と，改善すべき点
		東海大学付属高輪台	推薦	400	50	●チームで目標を成し遂げるために必要なものは何か ●「成長し続ける」ためには，どのようなことが必要か，具体例をあげながら述べる ●あなたが今後身につけていきたい力は何か ●外国の方への「おもてなし」で大切なことは何か
	新宿区	目白研心	推薦	800	50	●私がこれまでに打ち込んできたこと ●私が高校生活で挑戦したいこと ●私が中学校生活で得た経験 ●私が日々心がけていること
	文京区	京華	推薦	600	60	●高校に対しての憧れ ●今までの私，これからの私 ●高校生としての抱負と期待 ●高校生活における目標
		京華女子	推薦	600	60	●高校に入って学びたいこと ●私にとって，高校での勉強とは ●今までの私，これからの私 ●10年後の私
		昭和第一	推薦	500	50	●高校生活の目標と将来の夢 ●高校生活への夢
		東邦音楽大学附属東邦	推薦/一般	600	45	●音楽に関する課題作文

地区		学校名	試験区分	文字数	時間(分)	作文・小論文の出題課題
東京都	文京区	文京学院大学女子	推薦	400	40	●課題文を読み，「協調性の幸福感を日々の生活の中で感じたことはあるか，また，それはどのようなときか」について答える　●少年たちには何がたりなかったか　●コミュニケーションにおいて心がけていること　A推薦：将来なくなる仕事について　●デザイナーベビーについて
	墨田区	立志舎	B推薦/一般	400	—	●私の夢　●高校生活で何をしたいか(出願時提出)
	江東区	芝浦工業大学附属	推薦	800	60	●関心のある科学技術などについて
		中村	推薦/一般	—	50	●資料をもとに，高齢者の貧困について，読み取れることと自分の考えを述べる　●資料をもとに，海洋ゴミについて，読み取れることと自分の考えを述べる
	品川区	品川エトワール女子	推薦	—	—	●自己PR，課題作文(出願時提出)
		文教大学付属	推薦	800	60	●「ONE　TEAM」というスローガンからどのようなメッセージを受け取るか，自分の体験をふまえて書く　●「ノーベル賞を受賞した日本人」について調べたり考えたりしたこと　●高校3年生から国政に参加できる意義　●文章「オリンピズムの目的」を読んで考えたこと
	目黒区	多摩大学目黒	推薦	600	50	●どんな大人になりたいか，また，そのために心がけること　●自分なりの意見を持つためには何をすればよいか　●高校生活を有意義なものにするために心がけること
		トキワ松学園	推薦	800	50	●中学校3年間を振り返って　●中学校時代に授業以外で「学んだこと」と，それが自分にとってどのようにプラスになっているか　●将来の夢と，それに向けて高校生活で頑張りたいこと　●中学校生活において大切にしてきたこと
		日本工業大学駒場	一般	800	60	●自分の得意なこと
		八雲学園	推薦	600	60	●私の可能性　●高校生活に向けての決意　●私の挑戦　●私の夢
	大田区	蒲田女子	推薦	800	50	●課題作文　●志望理由
		東京	推薦	400	60	●中学校生活で一番心に残ったこと　●高校生活で取り組みたいこと　●目標を達成するために，高校生活をどのように過ごすか
		日本体育大学荏原	推薦	600	50	●高校生活への抱負　●高校生活への決意
		立正大学付属立正	推薦	600	50	●将来の夢と，その実現のために高校生活をどのように過ごすか　●3年後の自分　●本校でどのような3年間を過ごそうと考えているか　●自分の長所と，それを活かしてどのような高校生活を送るか
	世田谷区	科学技術学園	推薦	400	40	●高校生活での抱負　●自分自身に関する内容
		国本女子	推薦	600	50	●高校3年間で伸ばしたい自分と変えたい自分　●入学してチャレンジしたいこと　●高校生になったらやりたいこと　●私はこんな大人になりたい
		駒澤大学	併願優遇	800	50	●2019年の「今年の漢字」は「令」だが，自分にとって2019年を漢字で表すならどのような漢字になるか　●2022年4月から成年年齢が18歳に引き下げられることになったが，それを迎える高校3年生のときまでにどのような成長が必要か　●東京オリンピックまでに日本または私たちはどのような準備をし，何を変える必要があるか　●「平成」はどのような時代だったか　●AIでは代替できない人間ならではの力とは　●小学校から英語を学ぶメリット・デメリット　●人と人との豊かなつながりを築くにはどうしたらよいか　●個性と協調性のどちらが重要だと考えるか

地区		学校名	試験区分	文字数	時間(分)	作文・小論文の出題課題
東京都	世田谷区	駒澤大学	推薦	800	50	●「自己をならう」という言葉から，どのようなことをイメージするか　●「ONE　TEAM」という言葉には，どのような思いが込められていたと考えるか　●学校案内の言葉「禅と創造」とは何か　●2018年の漢字は「災」だが，印象に残る「災」をあげ，思うところを書く　●学校案内の言葉「創造的知性を求めて」とはどのようなことか　●学校案内の言葉「知を明日への翼に」とはどのようなことか
		松蔭	推薦	800	50	●高校生活への抱負　●中学校時代に一番印象に残ったこと　●高校生活の目標　●将来の夢　●中学校時代に頑張ったこと
		成城学園	推薦	400	60	●コンビニエンスストアの24時間営業について，社会的なメリットと，どのくらい増加したか計算し，賛成か反対か意見を述べる　●食品ロスに関するグラフから読み取れることを書き，また，食品ロスを防ぐために，「学校」と「家庭」で何ができるか，それぞれ述べる　●自転車事故に関する３つの資料をもとに，設問に答える　●新しい技術の実用化で大きく変化する社会において，人間に必要となる能力と，その能力を得るために必要な学びとは何か
		世田谷学園	推薦	800	50	●課題を与えての論述
		大東学園	推薦	400	50	●中学校で真剣に取り組んだこと　●中学校での経験を高校生活にどう活かすか　●中学校生活で成長したこと　●高校生活を通して成長したいこと
		東京農業大学第一	推薦	800	50	●中学校生活で成長したことと高校生活にどう活かすか　●どのような大人になりたいか，また，そのために高校生活で何をすべきか　●今後の情報社会の中で必要な力とは何か，また，それを身につけるためにはどのような学びが必要か　●高校生ができる社会貢献　●自分を成長させてくれた経験　●高校生活でやりたいこと　●クラブ活動の意義
		日本学園	推薦	400	50	●遊びと○○　●オリンピック・パラリンピックと○○　●私が一番大切にしていること　●高校生になった自分　●将来のために今できること　●友達をつくるために大切なこと　●日本が世界に通じる力　●スポーツと○○（○○は自分で決める）
	渋谷区	青山学院	推薦	800	―	●自己推薦書（出願時提出）　●中学校生活において，最も大切にしてきたこと（出願時提出）
		関東国際	推薦	―	50	●志望理由を，「社会」「チャレンジ」という言葉を用いて書く
			帰国	―	50	●詳細は不明（日本語か英語）
		富士見丘	推薦	制限なし	50	●志望理由　●最近読んだ本の感想または最近のニュース・できごとについて　●英語エッセイ・基礎日本語作文
	中野区	実践学園	推薦	600	50	●高校生活を通じ，どのような力を身につけたいか　●さまざまなルーツを持つ人々と力を合わせなければならないとき，大切なことは何か　●SNSを利用したコミュニケーションの長所と短所をあげ，これからの友人とのコミュニケーションはどのようにすればよいと考えるか　●失敗から何を学んだか，また，高校生活でどのように活かすか　●将来，どのように人類・社会に貢献していきたいか　●成人の年齢を18歳に引き下げた場合にどのようなことが起こるか　●AIを今後どのように使っていくべきか　●中学校で学んだことと，今後それをどう活かしていくか　●東日本大震災について　●ノーベル賞を受賞した大隅教授について　●AI・ロボットの躍進について

地区		学校名	試験区分	文字数	時間(分)	作文・小論文の出題課題
東京都	中野区	東亜学園	推薦	600	50	●大人とは何か ●なぜ勉強しなければならないのか ●考え方の違いについて ●ゴミ問題について ●コミュニケーションについて ●AIが発達する社会について ●幸福について ●高校生活で達成したいこと
		宝仙学園(女子部)	C推薦/一般	400	45	●課題作文
		明治大学付属中野	推薦	600	45	●今までの競技生活で，心に残った指導者や支えて下さった方からの言葉 ●中学校のクラブ活動を通して学んだこととそれを高校生活にどう活かすか ●トップアスリートが活躍した最近の競技大会で感銘を受けたことや学んだこと
	杉並区	佼成学園	推薦	800	60	●志望理由(将来の夢と，高校生活への抱負にふれること)
		女子美術大学付属	一般	800	—	●海外生活で一番心に残ったこと(出願時提出)
		杉並学院	推薦	800	50	●高校生活を通して，いかに自分を高めていくか ●感動を受けた本と，そこから学んだこと
		専修大学附属	推薦	400	50	●志望理由書(面接前に記入)
		日本大学第二	推薦	600	60	●社会で活躍するために，高校生活で身につけたい力 ●友達とのつき合いで一番大切なこと ●高校で何を学びたいか ●私にとっての「やさしさ」
		文化学園大学杉並	推薦	800	50	●外国のパラリンピック選手を「おもてなし」するとしたら，どのようにするか ●AI・インターネットが全盛の時代において，人と人との豊かなつながりを築くにはどうしたらよいか，体験を含め，意見を述べる ●関心を持った最近の社会のできごとについて
	豊島区	川村	推薦	800	50	●自然災害について ●私にとっての家族とは ●健康のために心がけていること ●自分が心がけていること
	北区	聖学院	帰国	—	50	●詳細は不明(英作文)
		サレジアン国際学園	推薦	800	50	●私が考える「リーダーシップ」 ●私が考えるやさしさ
		瀧野川女子学園	推薦	800(進学600)	50	●高校生活を通じ，「何を目標に，どんなことに挑戦したいか」について2つ以上あげ，具体的に書く
	練馬区	早稲田大学高等学院	一般	1200	90	●東大入学式の上野千鶴子氏の祝辞とそれに関する中根千枝氏のインタビュー記事を読み，日本の女性を取り巻く社会環境に関して，強く感じた点を2つ取りあげ，その理由とこれからの日本はどのようにあるべきか述べる ●資料・文章をもとに，よりよい行政の実現という観点から，軽症者の救急車要請を有料化することの是非について意見と理由を書く ●『悩める日本人「人生案内」に見る現代社会の姿(山田昌弘)』について ●『オリバー・ストーンが語るもうひとつのアメリカ史』の「2つの世界大戦と原爆投下」を読んで，原爆投下という歴史に残る大事件が当時の人々とその後の世界にどのような影響をもたらしたと思われるか
	足立区	足立学園	推薦	400×2	50	●成年年齢が18歳に引き下げられることについて，施行されるさいの課題および解決策 ●パラリンピックの意義と，大会後に取り組むべき課題および解決策 ●志の実現に大切なことを，中学校での経験や入学後の計画を具体的にあげながら述べる ●関心のある社会問題について，それがおよぼす影響とその具体的な解決策を述べる ●学校で学ぶことの重要性，学校で起こる諸問題とその解決法，学校の勉強が役に立ったこと

地区		学校名	試験区分	文字数	時間(分)	作文・小論文の出題課題
東京都	江戸川区	愛国	推薦	400	50	●実践している私の「親切」 ●人から信頼されるためにすべきこと ●私の生活信条 ●私が努力してきたこと ●私の好きな言葉 ●私の長所 ●自分が成長したと感じるとき ●私が感謝していること
			一般	300	30	●成長したと感じること ●思い出の学校行事 ●受験勉強を通して得たもの ●私が努力していること
	八王子市	共立女子第二	推薦	800	60	●女性とキャリアに関する新聞記事を読み，自分の意見をまとめる ●子供の「ネット依存」に関する新聞記事を読み，意見を述べる ●今後の学校生活，または社会人としての生活の中で，リーダーとして活躍したいか否か ●朝日新聞の記事(学習と部活動の両立について)を読んでの課題作文
		工学院大学附属	推薦	600	50	●15年後の社会で自分がどのように貢献・活躍しているかを具体的に書く ●便利だと思う「科学技術」の例を1つあげ，理由を書く ●15年後の社会で活躍するために，高校生活で自分が身につけるべき力
		聖パウロ学園	推薦	800	50	●人に何かをした経験や，それをしたときにどのように思ったか ●将来の夢または高校でやりたいこと
		帝京八王子	推薦	400	50	●私の高校生活
		東京純心女子	推薦	600	40	●東京パラリンピックにボランティアとして参加することになったら，どのような活動をするか ●将来，あなたは「AI」とどのようにつき合っているか，具体例をあげながら考えを述べる ●ボランティア活動に対する考えを述べる ●インターネットを使ったコミュニケーションについて，その長所や短所にふれながら，自分が考えるよりよい利用のしかたを述べる
		八王子実践	推薦	600	40	●志望理由 ●高校生活への抱負 ●地球環境について ●夢を実現させるためにやるべきこと ●中学校生活で頑張ったこと
	立川市	昭和第一学園	推薦	600	40	●将来の夢 ●夢中になって取り組んだこと ●入学後の抱負
	武蔵野市	聖徳学園	推薦	800	60	●課題文を読み，人との関わり合い方について書く ●スポーツをする意味，スポーツにおける不正行為について述べる ●「人を見た目で判断すること」について ●選挙について
	三鷹市	法政大学	推薦	800	—	●志望理由書(出願時提出)
	府中市	明星	推薦	800	30	●海外に紹介する日本の文化 ●AI時代を前にあなたはどんなことをしたいか ●グローバル社会を生き抜く力 ●日本のこころ
	昭島市	啓明学園	推薦	800	50	●「努力の成果」をその過程とともに述べる ●地球温暖化対策として我々が持続的に行える活動はどのようなものが考えられるか ●挑戦とはどういうことか ●東京オリンピックを前に多くの外国人が来日するが，あなたはその人たちに「日本」をどのように伝えたいか ●失敗から学ぶということについて ●身の回りにある情報通信機器について ●言葉の持つ力を強く感じたとき ●世界市民とはどのようなものか
	町田市	桜美林	併願優遇B	800	—	●どのような高校生活を送りたいか，自分の夢や希望について具体的に述べる ●中学校生活を通して得たものについて具体的な体験を示して書く(出願時提出)
		鶴川	推薦	800	—	●私の将来の夢(出願時提出) ●高校生活に期待すること(出願時提出)

	地区	学校名	試験区分	文字数	時間(分)	作文・小論文の出題課題
東京都	町田市	和　光	推薦	600	60	●文章を読み，高校生らしい生活を送るには私服と制服どちらがよいか述べる　●新聞記事を読み，あなたの周りにいる個性豊かな人と没個性な人をどのように思うか　●多くの人が「分かった」「考えが深まった」「新しい発見ができた」と思えるような授業にするには何が必要か　●学級内での行事の係決めの方法について(出願時に自己推薦文800字を提出)
	小金井市	中央大学附属	推薦	600	60	●課題文を読み，「仲間とともに生きるものたちの，自由の守り方」とはどういうことか説明し，筆者の意見に対する自分の考えを書く　●『食を料理する―哲学的考察(松永澄夫)』を読み，筆者の言う「食の商品化」とはどういうことか説明し，それに対する考えを述べる　●「エスカレーター問題の解(橋本幸士)」を与えての論述　●東京新聞「穂村弘の目が覚めたら」の記事を読んで
		東京電機大学	推薦	600	50	●中学生が書いた文章を読み，人にやさしくしたこと，人にやさしくされたこと，また，人にやさしくしようとしてできなかったことをそのときの気持ちをふまえて書く　●人から言われてうれしかった言葉
	小平市	錦　城	推薦	800	50	●10年後の自分　●失敗から学んだこと　●「百聞は一見に如かず」ということわざについて，自分の体験をふまえて述べる　●何のために勉強するのか
		白梅学園	推薦	600	50	●中学校生活で特に頑張ったこと　●高校で挑戦したいこと　●選挙権が18歳に引き下げられたことに対する意見　●中学校生活で熱心に取り組んだこと　●これからどのような自分になりたいか　●「ボランティア」についての意見　●中学校時代に感動したこと　●高校生活の中で一番力を注ぎたいこと　●世の中はどうしたらもっとよくなるか　●人のために自分が役立った経験　●自分の中で一番伸ばしたいところ　●日々の生活の中で大切にしていること
	国立市	国立音楽大学附属	推薦	800	50	●可能性　●忘れもの　●そうぞう　●出会い　●わける　●チームワーク　●たずねる
	西東京市	文華女子	推薦	800	—	●私の考える本校での3年間(出願時提出)
		武蔵野大学	推薦	800	50	●将来の夢とその理由　●高校生活で何をしたいか，また，その理由　●将来の夢と，それに向けて高校生活をどう送るか
	東村山市	明治学院東村山	推薦	800	50	●中学校生活の中で，自分を成長させたと思う経験によってどう成長できたか述べ，その経験をどのように高校生活に活かしたいか　●高校生活に期待すること
	国分寺市	早稲田実業	推薦	—	60	●中学校から高校に進学するとき，どのようなことにとまどうと思うか，また，それをどう克服するか　●藤井四段がプロの道に進まず，高校進学を決めたのはなぜか　●クラスやクラブ活動の人間関係で気をつけていること
	東久留米市	自由学園	推薦/一般	1200	—	●自己紹介と志望動機
	武蔵村山市	拓殖大学第一	推薦	800	50	●本校に入学したらどのようなことを努力したいか　●中学校時代に努力したことと，それを高校生活でどう活かすか　●今まで頑張ったことと成長した点　●「高校生らしさ」とは　●今までの経験から「自分をほめてあげたい」と思ったことと，そこから得られたこと　●中学校時代に熱中して取り組んだこと
	清瀬市	東星学園	推薦	800	50	●いのち　●SNSの利用について　●私にとってのスポーツ　●壁　●仲間　●高校生活で取り組みたいこと　●孤独　●言葉　●自分の好きなところ

地区		学校名	試験区分	文字数	時間(分)	作文・小論文の出題課題
神奈川県	横浜市	英理女子学院	推薦・一般/帰国	—	50	●Honors：英語によるエッセイ　一般：日本語による小論文
		関東学院	書類選考	460	—	●自己アピール文
		関東学院六浦	推薦/一般	—	—	●自己ＰＲ書
		慶應義塾	推薦	—	—	●リーダーについて　●あなたが大切にしている言葉
		日本大学	推薦	600	50	●令和の時代を生きる力とは　●大切にしている言葉　●真心とはどんなものか　●中学校生活で情熱を傾けたこと
		法政大学国際	IB・帰国生	—	—	●詳細は不明
		横浜学園	推薦	800	50	●中学校生活の思い出　●高校生活をどう過ごすか
		横浜富士見丘学園	推薦	800	50	●中学校生活で印象に残ったできごと　●高校生活で成し遂げたいこと　●2019年に話題になったニュースやできごと　●中学校生活で学んだこと　●昨年のニュースやできごと　●中学校生活で最も印象に残ったことと，そこで得たこと　●高校生活で取り組みたいことと，それを将来にどう役立てるか　●この１年で最も印象に残ったニュース　●高校生活に期待すること　●将来の夢
	横須賀市	横須賀学院	推薦	600	—	●人に支えられていると感じたこと　●真剣に取り組んだこと　●こんな高校生活を送りたい　●私が生きがいを感じるとき
	川崎市	桐光学園	推薦	600	60	●情報通信技術の普及が社会にもたらす影響　●国内外の最近のできごとで，今一番関心のあること　●世界と自分　●国際社会と日本
		日本女子大学附属	推薦	1200	50	●「自国社会の問題」に関する日本の若者の意識調査の結果をまとめた表から，その解決策やあってはならないという点について，意見を述べる　●AIの活用が一般化する時代に求められる能力について　●英語の早期教育についての賛否とグローバル化社会で必要とされる力について　●調査のグラフから本を読むことの効果を読み取り，本を読まない友人への助言を考える，また理想の大人になるために役立つ本をあげる
	鎌倉市	鎌倉学園	Ａ方式	480	—	●自己アピール文
		北鎌倉女子学園	２次	800	60	●詳細は不明
	藤沢市	湘南工科大学附属	一般	—	—	●自己ＰＲ書
		藤嶺学園藤沢	推薦	800	50	●自分を高めるために　●こんな人になりたい　●中学校までの自分とこれからの自分　●「夢」と「志」の違い
		藤沢翔陵	書類選考	—	—	●自己ＰＲ書
	相模原市	麻布大学附属	前期Ｂ	800	—	●詳細は不明
		相模女子大学	書類選考	400	—	●自己アピール
	小田原市	旭丘	推薦/一般Ａ	600	50	●高校生活をどう送るか
		相洋	推薦	600	45	●中学校生活で最も印象的なできごと　●高校生活の目標，希望　●東京オリンピックが日本にもたらすメリット・デメリット　●平成を振り返り，心に残った社会的できごと　●東京オリンピックに期待すること　●高校生活で目標とすること　●昨年起こった社会現象とその印象
	逗子市	聖和学院	推薦/帰国	800	50	●女子校で学ぶメリットや養いたい力　●本校に入学してから力を入れて取り組みたい授業や行事　●社会貢献
	足柄下郡	函嶺白百合学園	推薦	1200	—	●函嶺白百合学園と私の夢

	地区	学校名	試験区分	文字数	時間(分)	作文・小論文の出題課題
千葉県	千葉市	植草学園大学附属	前期	600	—	●高校生活への抱負(出願時提出)
		桜林	A日程	600	40	●将来のために本校でチャレンジ&チェンジしたいこと ●よりよい自分へ成長するために，本校で何をすべきか
		渋谷教育学園幕張	前期	800	50	●詳細は不明
		千葉経済大学附属	前期	600	40	●ラグビーワールドカップの日本チームの活躍や，自然災害等について書かれた文章を読んで思うこと ●ノーベル賞受賞の本庶佑さんの業績や考え方について ●藤井聡太さんの将棋との出逢いや生い立ちについて ●オリンピックで活躍した白井健三選手の生き方や考え方についての文章を読んで思うこと
		千葉聖心	前期	400(自己600)	30(自己40)	●保育 ●抱負 ●校訓 ●ボランティア活動 ●友人関係 ●看護・医療 ●高校で頑張りたいこと ●よい人間関係をつくるために心がけようと思うこと
		明聖	前期/後期	400	—	●入学後の抱負(出願時提出) ●私の好きなこと
	市川市	国府台女子学院	推薦	—	—	●志望理由書(出願時提出)
		不二女子	推薦	600	40	●志望理由と高校生活への決意 ●中学校生活の振り返りと，高校生活への決意
	船橋市	中山学園	前期	800	50	●詳細は不明
		日本大学習志野	前期	—	—	●志望理由書(出願時提出)
	松戸市	専修大学松戸	前期	600	—	●高校生活を送るうえで大切にすべきこと
	野田市	あずさ第一	後期	400	50	●詳細は不明
		西武台千葉	単願	—	50	●本校の3年間でめざすもの
	東金市	千葉学芸	前期	400	20	●大事なこと ●写真 ●ふるさと ●感謝 ●スポーツ
			後期	400	—	●道 ●優しさ ●勇気 ●芸術 ●手紙
	茂原市	茂原北陵	推薦	400	30	●部活動 ●自然 ●ワンチーム ●ボランティア ●SNS ●感動 ●最近のニュース ●時間
	木更津市	暁星国際	前期	800	50	●将来に向けて高校生活で力を入れたいこと
	鴨川市	鴨川令徳	前期/後期	800	30	●中学校時代に力を注いだこと ●中学校生活で一番うれしかったこと ●私が理想とする高校生活
	我孫子市	中央学院	前期	800	—	●中学校生活で得たもの ●将来の夢とそれに向けて高校生活をどう送りたいか ●スポーツをすることの意義
	市原市	東海大学付属市原望洋	前期	600	50	●中学校生活の中で，一番思い出に残ったこと ●文章を読み，自分を一番成長させてくれたできごとと，そこから何を学び，自分自身がどう変化したか述べる ●「若者ことば」について書かれた文章を読んで思うこと ●文章(あいさつに関する新聞の投書記事)を読んで思うこと
	四街道市	愛国学園大学附属四街道	前期	400	40	●親切・正直とは ●私の描く高校生活 ●最近気になったニュース ●思いやり
	浦安市	東海大学付属浦安	前期	600	50	●大学の先にある，人としてのあり方や生き方について自分の考えを書く ●中学校での努力や高校での活動をどのように活かし，人生設計を考えるか ●コミュニケーションについて ●本校の校風と学校目標をふまえ，どのような高校生活を送りたいか
		東京学館浦安	推薦	—	—	●志望理由書
	横芝光町	横芝敬愛	後期	400	50	●詳細は不明

地区		学校名	試験区分	文字数	時間(分)	作文・小論文の出題課題
埼玉県	川越市	城西大学付属川越	一般	250	—	●自己推薦書
			帰国	—	—	●英文課題作文
		東邦音楽大学附属東邦第二	推薦	800	45	●音楽の素晴らしさを感じた体験 ●これから学んでみたい音楽 ●私の好きな曲 ●音楽が私に教えてくれること
			一般	800	45	●音楽を通して描く私の将来像 ●忘れられない音楽の思い出 ●音楽を始めたきっかけ ●なぜ音楽を学びたいのか
		山村学園	特待生	800	—	●高校生活への期待と将来への夢
	飯能市	自由の森学園	単願	—	—	●授業を受けての感想文
	本庄市	早稲田大学本庄	α・I選抜	1000(I 800)	—	●志望理由書および活動記録報告書
	坂戸市	山村国際	推薦	—	20	●英作文
	北葛飾郡	昌平	推薦/一般	800	40	●未来の自分
			帰国	800(英400)	50	●日本語または英語による作文
茨城県	水戸市	茨城	推薦	—	—	●中学校3年間を振り返ったうえで志望理由を書く ●中学校3年間を振り返って(出願時提出)
		水戸女子	推薦	—	—	●詳細は不明
	土浦市	つくば国際大学	推薦	600	40	●将来の夢 ●中学校時代に頑張ったこと
	取手市	聖徳大学附属取手聖徳女子	推薦/一般	—	60	●詳細は不明
	牛久市	東洋大学附属牛久	推薦/一般	700	—	●私が行きたい国とその理由 ●英語でのコミュニケーションに必要なもの ●海外でホームステイするときに心がけること ●世界で活躍する日本人の条件とは
	つくば市	つくば秀英	推薦	400	50	●詳細は不明
	鹿嶋市	清真学園	推薦	600	—	●志望理由書
	かすみがうら市	つくば国際大学東風	一般	制限なし	50	●詳細は不明
栃木県	宇都宮市	宇都宮海星女子学院	推薦	600	50	●詳細は不明
		宇都宮文星女子	推薦	600	30	●私の大切な思い出 ●今私が思っていること ●私が挑戦してみたいこと
		文星芸術大学附属	推薦	600	30	●私の大切な思い出 ●今私が思っていること ●私が挑戦してみたいこと
	佐野市	佐野日本大学	推薦	800	—	●詳細は不明
群馬県	前橋市	共愛学園	推薦	—	50	●詳細は不明
	高崎市	高崎商科大学附属	推薦	500	40	●詳細は不明
	館林市	関東学園大学附属	推薦2回	600	40	●高校に入学してから頑張りたいこと
	安中市	新島学園	推薦/奨学生	—	60	●詳細は不明

首都圏公立高校

►►► 一般入試の課題(条件)作文 ◄◄◄

1)首都圏公立高校の一般入試(またはそれに準ずる入試)で出題された課題(条件)作文の内容を要約したものです。2)2015〜2020年度の6年間を収録してあります。最新年度の内容は弊社発行の各都県版・公立高校過去問題集でご確認ください。3)無断転載を禁じます。

都県名	年度	文字数	課題
茨城	2020	160〜200	文化祭において，希望するクラス企画を１つ選び，資料を参考にして自分の考えを書く　※二段落構成とし，第一段落には希望するクラス企画とその理由を書き，第二段落には希望するクラス企画に賛成を得られるような内容を，他のクラス企画１つと比較して書くこと
	2019	160〜200	「古典の文章」と「グループでの話し合い」の資料を読み，筆者の考えに対して意見文を書く　※二段落構成とし，第一段落には「自分の力の限界を知って行動するのが賢い生き方だ」という考えに賛成か反対か，立場を明らかにしたうえでその理由を書き，第二段落には古典を読んで考えたことをこれからの生活にどのように活かしていくかについて書くこと
	2018	160〜200	学校図書館の使い方をわかりやすく伝えるための「一郎さんの改善案」について，自分の考えを書く　※二段落構成とし，第一段落には一郎さんが改善したことを具体的に書き，第二段落には一郎さんがそのような改善をした理由を考えて書くこと
	2017	160〜200	中学校での生活を４枚のスライドを使って小学校６年生に紹介しようとするとき，４枚目のスライドの内容をどのようなものにするか，自分の考えをまとめ，意見文を書く　※二段落構成とし，第一段落には４枚目のスライドで紹介したい内容について書き，第二段落にはその理由を書くこと
	2016	160〜200	敬語について調べた資料と，それに基づいたグループでの話し合いの文章を読み，どのようにしたら敬語を身につけることができるか，自分の考えを書く　※二段落構成とし，第一段落には「グループでの話し合い」の誰の立場に賛成するかを書き，第二段落にはその理由を書くこと
	2015	160〜200	Ｂ中学校の生徒が，自分たちの住むＢ市についてクラスでまとめた資料と，それに基づいたグループでの話し合いの文章を読み，姉妹都市にあるＡ中学校にＢ市の魅力を紹介する内容と方法についての考えをまとめ，意見文を書く　※二段落構成とし，第一段落には紹介したい内容とその理由を書き，第二段落には紹介したい内容をうまく相手に伝えるにはどうすればよいか，自分が考えた方法を具体的に書くこと
栃木	2020	240〜300	さまざまな国の人とコミュニケーションをとるさいに心がけたいことを，自分の体験や見聞などを含めて書く
	2019	240〜300	「自分の意見を伝える」ということについて，自分の考えとその理由を，体験をふまえて書く
	2018	240〜300	自分の学校を訪問する海外の中学生に対し，グループごとに分かれて日本を紹介するが，自分なら５つの候補からどれを選んでグループのメンバーに提案するか，選んだ理由を具体例をあげて書く
	2017	240〜300	「高校生の読書に関する意識等調査」の結果の一部を見て，２つのグラフから読み取ったことをまとめたうえで，読書についての自分の考えを書く
	2016	240〜300	「表現することは□」というタイトルで，生徒会新聞に載せる意見文を書く　※□には形容詞または形容動詞を１つだけ入れ，自分の考えとその理由を明確にすること
	2015	240〜300	「いつまでも大切にしたい伝統」というタイトルで，新聞に投稿する意見文を書く　※具体例をあげて書き，自分の考えとその理由を明確にすること
群馬	2020	140〜180	春に関する言葉のうち，「春分」「若草」「山笑う」から１つを選んで発表するとしたら，どの言葉について詳しく調べ，発表したいと考えるか，その言葉から受けるイメージを含め，選んだ理由を書く

都県名	年　度	文字数	課　　　　題
群　馬	2019	140〜180	伊藤明夫『40億年，いのちの旅』を読んで，ヒトが自滅の道を歩まないためにどのような提案をするか，本文の内容にふれながら書く
	2018	140〜180	中道正之『サルの子育て　ヒトの子育て』を読んで，「ヒトとヒトのさまざまな関わりの中に『ほめる』ことが含まれているのです」という部分に関して考えたことや感じたことを，自分の経験と結びつけて書く
	2017	120〜160	一川誠『「時間の使い方」を科学する』を読んで，考えたことや感じたことを，自分の経験と結びつけて書く
	2016	120〜160	志村史夫『木を食べる』を読んで，考えたことや感じたことを，自身が経験した「誤解」または「認識不足」と結びつけて書く
	2015	120〜160	齋藤孝『余計な一言』を読んで，感情と言葉を一体化させることについて考えたことや感じたことを，自分の経験と結びつけて書く　※本文を引用し，筆者の考えに基づいて書くこと
埼　玉	2020	151〜195	「埼玉県の魅力」に関する調査の結果をまとめた資料をもとに，「地域の魅力」について自分の考えをまとめる　※自分の体験(見聞なども含む)をふまえて書くこと
	2019	181〜225	「読書量(マンガや雑誌を除く)」に関する調査の結果をまとめた資料をもとに，「読書を推進するための取り組み」について自分の考えをまとめる　※自分の体験(見聞なども含む)をふまえて書くこと
	2018	181〜225	「書き言葉によるコミュニケーション」に関する資料をもとに，「文字で伝えるさい，重視すること」について自分の考えをまとめる　※自分の体験(見聞なども含む)をふまえて書くこと
	2017	181〜225	「世の中のできごとや動きに関する情報を得るために最も利用するメディア」に関する資料をもとに，「メディアの利用」について自分の考えをまとめる　※自分の体験(見聞なども含む)をふまえて書くこと
	2016	181〜225	「家庭ごみの減量」に関する資料から読み取ったことをもとに，「家庭ごみの減量」について自分の考えをまとめる　※自分の体験(見聞なども含む)をふまえて書くこと
	2015	181〜225	「百年後の日本に残したいもの」に対する３つの意見の中から１つを選び，それを選んだ理由を含めて自分の考えをまとめる　※自分の体験(見聞なども含む)をふまえて書くこと
千　葉	2020	200	「地方創生」に関する資料を読み，「方言」を広く活用することの効果について自分の考えを書く　※二段落構成とし，２つの資料をもとに，第一段落には，方言の活用は地元の人々に対してどのような効果があるかを書き，第二段落には，方言の活用は他の地域の人々に対してどのような効果があるかを書くこと
	2019	200	先生と生徒の会話文を読み，「巨人の肩の上に立つ」ことについて自分の考えを書く　※二段落構成とし，第一段落には，「巨人の肩の上に立つ」というたとえがどのようなことを言い表しているかを書き，第二段落には，それをこれからの生活にどのように活かしていくかを書くこと
	2018	200	図書館に掲示した２枚のポスターを見て，自分の考えを書く　※二段落構成とし，第一段落には，ポスター２がどのように工夫されているか，ポスター１との違いをふまえて書き，第二段落には，ポスター２でなぜマナーが改善されたのか，自分の考えを書くこと
	2017	200	「高校生にとって本を読むことの効果について，どのような認識を持っているか」という質問の結果をグラフに表した資料を見て，自分の考えを書く　※二段落構成とし，第一段落には，資料から読み取れる高校生と保護者との認識の違いについて書き，第二段落には，認識の違いの理由について自分の考えを書くこと
	2016	200	ある新聞に掲載された日本語に関する投書を読み，資料を参考にしながら自分の考えを書く　※二段落構成とし，第一段落には，２つの資料から読み取れることを根拠に，投書の問いかけについて自分の考えを書き，第二段落には，言葉の新しい使い方について自分の考えを書くこと
	2015	200	「成人に聞いた子供の頃の体験と現在の生活状況」に関する資料を見て，自分の考えを書く　※二段落構成とし，第一段落には，資料から読み取れる傾向を書き，第二段落には，そのような傾向が見られる理由を考え，「受け止める」という言葉を使って説明すること

都県名	年　度	文字数	課　　題
東　京	2020	200	福岡伸一『動的平衡3』を読んだ後，国語の授業中に「理想の組織」というテーマで，各自が具体的な体験や見聞を示して意見を発表することになったとき，自分が話す言葉を書く
	2019	200	齋藤亜矢『ヒトはなぜ絵を描くのか』を読んだ後，国語の授業中に「新しい『何か』に出会うこと」というテーマで，各自が具体的な体験や見聞を示して意見を発表することになったとき，自分が話す言葉を書く
	2018	200	國分功一郎『中動態の世界』を読んだ後，国語の授業中に「自分の意志を持つこと」というテーマで，各自が具体的な体験や見聞を示して意見を発表することになったとき，自分が話す言葉を書く
	2017	200	原田信男『日本人はなにを食べてきたか』を読んだ後，国語の授業中に「食生活と歴史」というテーマで，各自が具体的な体験や見聞を示して意見を発表することになったとき，自分が話す言葉を書く
	2016	200	名児耶明『書の見方』を読んだ後，国語の授業中に「基本を身につけること」というテーマで，各自が具体的な体験や見聞を示して意見を発表することになったとき，自分が話す言葉を書く
	2015	200	笹山央『現代工芸論』を読んだ後，国語の授業中に「取り合わせの美」というテーマで，各自が具体的な体験や見聞を示して意見を発表することになったとき，自分が話す言葉を書く
神奈川	2020		実施されていません
	2019		実施されていません
	2018		実施されていません
	2017		実施されていません
	2016		実施されていません
	2015		実施されていません
山　梨	2020	240	砥上裕將『線は，僕を描く』を読んで，自分がこれまで向上心を持って取り組んだことと，そのことからどのようなことを考えたかを具体的に書く
	2019	詳細は不明	詳細は不明
	2018	詳細は不明	詳細は不明
	2017	240	山崎亮『ふるさとを元気にする仕事』を読んで，これから地域とどのように関わっていきたいか，自分の考えを書く　※自分の経験を入れて書くこと
	2016	240	中村桂子「私のなかにある38億年の歴史」を読んで，科学技術を活用してどのような社会をつくっていきたいか，自分の考えを書く　※具体的な科学技術を例に取り上げて書くこと
	2015	240	上橋菜穂子『物語ること，生きること』を読んで，これまで「続けてきたこと(続けていること)」が，今の自分にどのような影響を与えているか，自分の考えを書く　※自分の経験を入れて書くこと

東京 都立高校 課題作文・小論文実施校調査

1)推薦入試・一般入試で作文・小論文を実施する都立高校に対して行ったアンケート調査の結果を，受験生への聞き取り調査で補ったものです。2)文字数，時間は原則2020年度のもの，出題課題は2017～2020年度のものです。最新年度のようすについては，弊社毎年10月発行の『合格資料集』に掲載されておりますのでご覧ください。3)出題課題のうち，●は作文，☆は小論文です。4)編集の都合上，出題課題の表現を変えたところがあります。5)詳細が不明な学校については省略させていただきました。6)無断転載を禁じます。

地区	学校名	文字数	時間(分)	作文・小論文の出題課題
千代田区	日比谷	(1)60	50	☆集団が意思決定する方法として①単純多数決，②決選投票付き多数決，③ボルダルールがあるが，(1)あるクラスが42人の投票で文化祭の演目を決めるとき，図を参考にして①～③によって選出される演目がそれぞれどれになるか書く　(2)この３つからどれを採用するかその理由とともに述べ，そのさい不採用の２つの方法についてもどのような点が劣るのか具体的に述べる　☆フランス革命期のフランスの言語状況に関する演説文と図をもとに，(1)当時のフランス社会において，30もの地方語があることがなぜ問題とされているのか，図１を参照しつつ説明する　(2)図２を見て，多言語が混在する状況から変化があったのかを明記したうえで，自分が1863年当時のフランスの首相だったらどんな政策を行うか目的と内容を述べ，その長所と短所を１つずつ取り上げて説明する　☆世界５か国に関するグラフと資料を読み，(1)他国と比較した日本の水資源の量の特徴を説明したうえで，水資源量を国民１人あたりに換算した場合の現在の日本の特徴と，今後予測される変化について説明する　(2)地球上の水資源問題の特徴について，資料１～５から読み取れる側面と，資料６を参考にして，安全な飲料水を手に入れられる人の割合が少ない国に対し，日本としてできることについて自分の考えを述べる　☆平成24年版厚生労働省白書にある福祉レジーム論とグラフ資料を見て，アメリカ，スウェーデン，フランスを取り上げ，図の表す内容にふれたうえで，福祉レジーム論の３類型を参考に，「これからの日本の社会保障の負担と給付のバランスをどうすべきか」自分の考えを書く
中央区	晴海総合	560～600	50	●「継続は力なり」という言葉の実体験をあげたうえで，そこから学んだことを高校生活でどのように活かすか具体的に述べる　●プレゼンテーション能力とは何かを説明したうえで，本校においてどのように身につけ，将来どのように活かしていきたいかを具体的に述べる　●自分の長所で自信を持っている点はどういうところかを書き，その長所を発揮した経験があればそのことを，ない場合はどういう場面で長所を活かせると思うかを具体的に述べる　●災害時に備えて，日々どのような防災意識を持ち準備を行っているか，また，高校生として地域の中でどのような社会参加ができると思うか
港区	三田	(1) 100～150 (2) 400～450	50	☆(1)日本女性の年齢階級別労働力率のグラフから，変化の特徴とその背景について述べる　(2)今後，世界的に想像を超える激しい変化が起こり，価値観や世界観が変化していく中，高校で学ぶ意義は何か述べる　☆(1)日本の就業者数を日本標準産業分類に基づいて分類したデータから，就業者数の変化の特徴と，その理由について述べる　(2)日本を訪れる外国人旅行者数増加のよい点と，それに対しあなた自身が具体的にどのような行動をとるか詳しく説明する　☆(1)日本の男女別育児休業取得率の推移を表したグラフからわかることをまとめる　(2)ユネスコ憲章前文の一部にある「人の心の中に平和のとりでを築く」ために必要なことと，そのために自分自身がどのような行動をとるか述べる　☆(1)都道府県別の昼間人口，夜間人口，昼夜間人口比率を示した表から，昼夜間人口比率に着目し，東京都及びその周辺の県に見られる特徴を指摘し，それが現れる理由について自分の考えを述べる　(2)明治時代に外交使節団がおよそ２年間欧米諸国を視察し，日本の近代化に貢献したことをふまえ，あなたが20歳になったとき，もし同じように２年間ほど外国に派遣されるとしたら，どこに行って何を学び，それを将来の日本にどのように役立てていきたいか

地区	学校名	文字数	時間(分)	作文・小論文の出題課題
港区	芝商業	600	50	●中学校生活で周囲と協力して取り組んだ経験をあげ，それを高校生活でどのように活かすか述べる　●中学校生活での経験をもとに，高校生活ではどのようなことに「主体的」に取り組んでいきたいか具体的に述べる　●「とても感動したできごと」をあげ，それが今の生活にどのように影響しているか，そしてどのように自分の成長につなげていきたいか，具体的に述べる　●3年後どうなっていたいか，また，そのためにどのような高校生活を送ろうと考えているか
	六本木	400～500	50	●「失敗は成功のもと」と言われるが，チャレンジスクールを受験する理由を，①過去のうまくいかなかった経験，②その原因，③その経験から学んだことにふれ，具体的に述べる
新宿区	戸山	(1) 200～250 (3) 制限なし	50	☆(1)18世紀から19世紀半ばごろのイギリスについて資料を参考に述べる　(2)ヤマトシジミの産卵の観察記録から，18℃と25℃の成長の様子を，データ①～④のうち2つを組み合わせて分析する　(3)それぞれの気温での成長の特徴について原因を考察し，考えをまとめる　☆(1)資料をすべて用い，静岡県K市の地形図を比較しながらこの地域の変化を説明する　(2)周期表及び原子番号と原始半径について説明した文章と，一部の原子を載せた周期表をもとに，表中で空欄になっている原始半径の数値を予想し，その理由を具体的に説明する　☆(1)資料を参考に，徳川綱吉が生きていた17世紀半ばから18世紀初頭がどのような時代であったかを述べる　(2)4地点A～Dには地震計が設置されている。A地点で地震Ⅰが発生し，数か月後に同じA地点で地震Ⅱが発生した。地震ⅠとⅡのマグニチュードはほぼ同じであった。この2つの地震について，資料をもとに，揺れ始めた時刻の時間差が異なっている原因を理由とともに説明する　(3)地震ⅠとⅡを比較したとき，A地点での主要動の揺れはどちらのほうが大きかったと考えられるか，理由も含めて書く　☆(1)男性の育児休業取得率が低い要因について，資料1～4のすべてを根拠とし，2つの観点から考察し，まとめる　(2)A～Dの4つの接続端子のついた中身のわからない回路が入っている箱があり，この箱の中には1Ωの抵抗が3個接続されている，この箱のさまざまな端子に6Vの電源と電流計を直列に接続し，電流値を測定した結果をまとめた表も参考に，箱の中身がどのような回路になっていると推測できるかを理由も含めて説明する
	新宿	(1)④ 100～150 (3)② 100～125	50	☆(1)日本と世界の税制度に関する歴史や種類について示された資料のうち，①表を見て，現在の日本政府の税収に関する計算をする，②表にある孔王部佐留の家について，支給される口分田の面積を計算する，③文章を読み，1年分の固定資産税の金額を求める，④生徒たちが発表した税制度の共通点と相違点を4つ書く　(2)①太郎くんが行動を選択した結果により発生する「機会費用」として，最も適切なものを選択する，②機会費用が発生する例として，適切ではない文を選択する　(3)①「埋没費用」に該当するものとその金額を，文中の語句を用いてすべて答える，②埋没費用の考え方にふれながら，太郎くんがとるべき行動としてどちらが経済学的に合理的なのか，理由も含めて説明する　☆(1)食料自給率と供給熱量及びPFC比率の資料から，①文中の空欄にあてはまる語句を選択し，②表の空欄の数値を計算し，③資料にふれながら，日本の食生活の変化についてアメリカ・フランスと比較して述べる　(2)資料1(素数)，資料2(音符)，資料3(素数と音符の組み合わせ)を見て，①数字と音符で表された読み方を解き，②その理由を説明する，③国語・理科・英語の中から好きな教科を選び，数字と音符を用いて書く　☆合唱祭のクラス自由曲の決定方法に関する合唱委員たちの会話文を読み，資料1と資料2を参考に，(1)①単純多数決，②ボルダルール，③コンドルセ・ヤング最尤法の3通りの決定方法を用いた場合，資料2のアンケート結果から，それぞれどのような選曲結果になるか，計算や数字を入れて説明する　(2)このクラスの合唱委員たちは，②ボルダルールを選んだが，それはなぜだと考えられるか，①単純多数決と③コンドルセ・ヤング最尤法の問題点を指摘しながら述べる　☆東京23区の交通手段に関する資料1～4を参考に，(1)交通手段と二酸化炭素との関係について述べた文章を読み，空欄にあてはまる数値をそれぞれ答える　(2)東京23区は外出時に鉄道を利用する割合が高いが，「人口密度が高いほど，鉄道が発達しているからである」というAさんの考えた理由が正しいか，誤りかを，資料1と資料3を参考にし，具体的な数値を用いて説明する　(3)2020年の東京オリンピック開催時には東京を訪れる外国人観光客の増加が予想されるが，東京の交通手段のうち，JR・地下鉄などの鉄道をどのように改善していくのがよいか，資料4と(1)(2)で考えたことをふまえ，具体的な改善策を2つ入れて考えを述べる

地　区	学　校　名	文字数	時間(分)	作文・小論文の出題課題
新宿区	新宿山吹	500～600	50	●コンピュータを使って作ってみたいものや実現してみたいことを1つあげ，それを考えるきっかけとなったことを紹介し，それを実現させるために情報科でどのようなことを学びたいか，それぞれ具体的に書く　●これまで努力してきたことを1つあげ，学んだことについて説明する，また，それをもとに情報科の学習や活動で何を身につけ，どのように活かすか具体的に述べる　●あなたが日常で困っていることや，世の中で問題になっていることを1つあげ，もし，それらをコンピュータや情報通信ネットワークなどの情報技術を活用して解決するとしたらどのようなことが考えられるか，また，それを実現するために情報科の学習や活動で何を身につけたいか，具体的に述べる　●「コンピュータのしくみ」や「コンピュータを使ったさまざまな活動」で自分が興味を持っていることを，理由を含めて具体的に書き，これらをふまえて本校情報科の授業で身につけたい知識・技術を具体的に書く
文京区	竹早	(1)100 (2)500	50	☆(1)図1から，世界の傾向と日本の特徴について読み取れることを書く　(2)図1の「幸福度」と図2の「重要度」との関係で，日本について読み取れることをあげ，それをふまえて今後の日本社会で幸福度が上がるにはどうするか，また，図2の項目をあげて，自分の考えを書く　☆男子：2018年度新入社員意識調査報告書のグラフを見て，(1)「社会の役に立つこと」について読み取れることを書く　(2)(1)の内容をふまえ，社会の役に立つとはどのようなことか，また，その実現に向けてどのような社会が必要か述べる　女子：社会構成のタイプA～Eの意識調査のグラフを見て，(1)読み取れることを書く　(2)(1)の内容をふまえ，多くの人が満足するような社会とはどのようなものか，また，その実現に向けて何が必要か述べる　☆男子：(1)2000年以降の訪日外国人旅行者数・出国日本人数の推移のグラフを見て，読み取れることを書く　(2)(1)の内容をふまえ，今後の日本の観光立国としてのあり方について，理由を明確にしながら述べる　女子：(1)各国における女性研究者の割合に関するデータを見て，グラフから読み取れることを書く　(2)(1)の内容をふまえ，今後の女性研究者育成のあり方について，理由を明確にしながら述べる　●男子：「下を向いていたら虹を見つけることはできない」という言葉について，自分の体験を例にあげながら考えを述べる　女子：「自分の立っているところを深く掘れ，そこからきっと泉がわき出る」という言葉について，自分の体験を例にあげながら考えを述べる
	向丘	600	50	●「うらやましい」と感じた経験をどのようにとらえ，高校生活にどのように活かすか述べる　●「遊び」の効用について考えることを述べ，その中で今までの経験によって得たものを，高校生活にどのように活かすか述べる　●本校の教育目標である「自主・誠実・明朗」をテーマにして考えることを，高校生活や将来の目標にふれながら書く　●「未来に残すもの」という言葉から考えられることを，今までの経験や本校での生活にふれながら書く
	工芸	540～600	50	●中学校での美術や技術の授業あるいはそれ以外で自主制作した作品の中で，一番印象に残っている作品を理由も含めて紹介し，それを制作するうえで一番大切にしたことを高校生活にどう活かすか述べる　●将来の夢と，その実現のために本校でどのような高校生活を送りたいか，経験をふまえて書く　●本校の昇降口に展示してある「工芸宇宙」という作品の写真を見て，これに対する自分の感想をふまえながら，本校で勉強したいことについて述べる　●5つの作品の中から1つ選び，自分の感じたことをふまえながら，本校で学びたいこと，制作したいものについて書く

地　区	学　校　名	文字数	時間(分)	作文・小論文の出題課題
台東区	上　　　　野	(1)200 (2)400	50	☆(1)平成27年の人口ピラミッドを示した資料，平成28年の参議院選挙の年代別投票率を示した資料をもとに，20歳代と60歳代を比較してわかることを述べる　(2)高校生による３つの提案と，18～20歳の男女が投票に行った理由のグラフ及び「高校生が選挙に関心を持つためには，どうすればよいと思うか」についてのグラフを参考にして，「高校生を含めた若い有権者が進んで選挙に参加するための取り組み」についての提案を述べる　☆(1)日本・アメリカ・イギリスの若者対象の意識調査についての資料からわかる「意識の違い」を述べる　(2)ある高校のホームルーム委員として「多くの生徒が夏休みにボランティア活動に参加するための取り組み」について，提案Ａ～Ｃと資料を読み，自分の提案を述べる　☆(1)資料１～３(小学４・５年生と中学１・２年生を対象とした読書についての調査結果グラフ)を見て，資料１・２からわかる「読んだ本の冊数の違いとその理由」を述べる　(2)ある中学校の図書委員会の生徒たちが「読書の習慣を身につけ読書の量を増やすための取り組み」について話し合って出した提案Ａ～Ｃと資料３を読んで，自分の提案を述べる　●2020年に東京オリンピックが開催されるが，あなたが海外から初めて訪れる外国の方に伝えたい日本の魅力は何か，選んだ理由と，その魅力をどのように伝えるかを述べる
	白　　　　鷗	600～800	50	☆多文化共生社会を実現するためにできることは何かを，６つの資料から２つ以上を分析し関連づけて読み取り，その内容を根拠として示しながら述べる　☆国民一人ひとりが豊かな人間性を育み，安全に安心して暮らせる社会を実現するために，想定できる課題と，それに対するあなたの提言を，資料Ａ群と資料Ｂ群からそれぞれ１つ以上選び，読み取った内容を根拠として示しながら具体的に述べる　☆国際観光収入の増加を目指すためにできる効果的な取り組みを２つ述べ，それぞれの取り組みについて，６つの資料から２つ以上を分析して，関連づけて読み取り，読み取った内容を根拠として示す　●「国際社会で活躍する」ために，どのような力が必要だと考えるか，英語力以外に２つあげて，その理由とともに説明し，そのうち，自分が高校生活に特に伸ばしたい力を１つ選び，具体的にどのように身につけていくか述べる
	忍　　　　岡	500～600	50	●課題文を読み，「学ぶ」とはどういうことか意見を述べたうえで，本校の生徒としてどのようなことを学びたいか具体的に述べる　●課題文を読み，「自信(自己信頼感)」を得るために大切だと考える点について説明し，また，あなたにとって「自信」といえるものを具体的に述べ，それをふまえ本校の生徒としてどのような学校生活を送りたいかを書く　●『14歳からの仕事道(玄田有史)』を読み，「頑張る」とはどういうことかを書き，それをふまえ，本校の生徒としてどのようなことを頑張りたいか述べる　●『16歳　親と子のあいだには(平田オリザ)』を読み，「筆者が世界一周旅行で体験したことは何か」を答えたうえで，「本校の生徒として，どのような学校生活を送りたいか」を述べる
墨田区	本　　　　所	500～600	50	●10年後の2030年代はどのような社会になっていると思うか，また，その社会で実現したいことは何かを，高校生活をどのように過ごすかをふまえて書く　●学びを通じ成長したと思うことを，具体的な経験をふまえて述べ，さらに成長するために本校で何をどのように学ぼうと思うか書く　●高校生活では，学業だけでなく何事も主体的に取り組むことが必要だということをふまえ，あなたの考える「高校で学ぶ意味」を具体的な事例をあげて述べる　●高校生活を通じ，価値観の異なる人と「お互いの人格を磨き合う」にはどのような態度が必要かを自分の体験をふまえて書く
	日　本　橋	600	50	●何かを成し遂げるために必要なこと，ものは何かを，中学校時代の体験をふまえ，具体例をあげながら述べる　●ある教科・科目を理解するためには，ほかのどの教科・科目の知識や発想が有効だと考えるか述べる　●本校では，高校３年間を「集団で学ぶ，集団を学ぶ最後のとき」と位置づけているが，なぜそう言えるか具体例をあげて述べる　●あなたはどのような勤労観に基づき仕事を選ぶか，また，高校３年間でそれをどのように育もうと考えているか

地　区	学　校　名	文字数	時間(分)	作文・小論文の出題課題
墨田区	墨田川	(1) 50 (2) 60～80 (3) 350～400	50	☆新聞記事を読み，(1)なぜ法律の基準を上回る通路幅への改修が推奨されていると考えられるのか述べる　(2)資料，グラフを参考に，「街で困っている障害者を見かけたとき，手助けしたいが行動には移していない」「手助けしたいとは思わない」という人の理由を見て，これらの人が手助けできるようにするにはどうしたらよいか考えを述べる　(3)「共生社会」を充実させるにはどうするか，具体例や理由を含めて述べる　☆「人の力を引き出す(湯浅誠)」を読み，(1)「教える」と「学ぶ」は，それぞれどういうことか述べる　(2)学ぶことの意味を，経験をふまえて述べる　(3)「なぜ足湯ボランティアを行っていると考えるか」について，考えを述べる　☆『君たちはどう生きるか(吉野源三郎)』を読み，(1)本文中の「学問」という言葉について，本文の言葉を用いて説明する　(2)自分自身が誰かの経験を知っていたことにより問題を解決できた経験を書く　(3)なぜ勉強する必要があるか，自分の考えを述べる　☆(1)資料Aを見て，日本とアメリカの結果を比較し，日本の高校生の特徴を述べる　(2)資料A・Bの内容をふまえ，どのような生き方をしたいと考えるか，具体的な経験にふれたうえで述べる
	橘	500～600	50	●本校の特色を述べたうえで，何をどのように学びたいか具体的に書く　●自分が「思いやり」を持って行動した経験にふれながら，本校での生活の中でどのように「思いやり」を持って行動したいか具体的に述べる　●今までに自分が「成長」したと感じた経験にふれながら，本校での学校生活の中でどのように「成長」しようと思っているのか具体的に書く　●今までに自分が「挑戦」した経験にふれながら，本校での高校生活に対してどのように「挑戦」しようと思っているのか具体的に書く
江東区	城東	540～600	50	●「我々の生活はその半分は吸収することに費やし，もう半分は吸収したことを実践していくことだ」という言葉について，体験を例にあげながら考えを述べる　●「自分が新しい言葉を身につければ身につけるほど，自分の世界が広がる」という文について，体験を例にあげながら考えを述べる　●(1)ある写真を見て，それがどのような状況だと思うか，根拠を示しながら説明し，それに対する自分の考えを述べる　(2)同じ写真を異なる視点から改めて解釈し直し，根拠を示しながら状況を説明し，自分の考えを述べる　●自然災害に関する文章を読み，自分の経験や知識の中から自然災害について具体例を1つあげ，また，その自然災害が発生したとき，高校生として自分に何ができるかを考えて書く
	深川	600	50	●文章を読み，「アウトプットの面白さ」について，自分の経験をもとに考えたことを述べる　●文章を読み，「知ることの喜び」について述べる　●「子供たちの未来を育む豊かな体験活動の充実」を読み，「体験活動の価値」について考えることを，具体的な経験にふれて書く　●「学ぶ意味」について考えたことを書く
	東	(1) 50 (2) 375～400	50	☆(1)「日本の1時間降水量50mm以上の年間発生回数」「2000年を基準とした世界全体の平均気温との差」のグラフから，読み取れることを述べる　(2)(1)で読み取れる現象の原因と改善策について，国際的な視点に立って考えを述べる　☆(1)「我が国の総人口と農業生産等の推移」の資料から，昭和40年と平成17年を比較し，農業生産・農業就業者数・耕地面積の3つのグラフからわかる事実を述べる　(2)(1)でわかった事実の理由について，考えを述べる　(3)(2)をふまえて日本の農業の課題をあげ，具体的にどのようにすべきか述べる　☆(1)主要国における発電電力量の割合のグラフを読み取り，他の国と比較して，日本の特徴を述べる　(2)この資料から，今後の日本の電力発電をどのように考えるか，その理由と具体的な取り組みについて述べる　☆事業系及び家庭系の食品廃棄物の発生量と，そこから飼料などとして再利用されている量の推移を示した資料を見て，(1)平成20～25年度を通して，そのような推移や傾向を読み取ることができるか　(2)食品廃棄物の発生量と再生利用量は今後どのように変化するのが望ましいか，また，そのために何をすべきか，自分の考えを書く

地　区	学　校　名	文字数	時間（分）	作文・小論文の出題課題
江東区	科　学　技　術	(1) 200 (2) 500～600	60	☆(1)「日本と他国のボランティア活動に対する考え」に関する資料から読み取れることを述べる　(2)日本のボランティア活動に対する課題と解決策を述べる　☆(1)江東５区大規模水害ハサードマップ，隅田川・荒川・江戸川等の水位，浸水深と高さのイメージの３つの図から，江東５区の水害についてわかることをまとめる　(2)江東５区で生活する人々の安全確保や，地域の物的被害を最小限に抑えるため，水害が発生する前にできる対策にはどのようなものがあるか具体的なアイディアを述べる　☆(1)日本の貿易額と発電量に関する２つのグラフから読み取れることを書く　(2)グラフを参照し，環境・国土・経済などさまざまな観点から，日本のエネルギー政策についての考えを述べる　☆(1)食品問題に関するグラフから読み取れることを書く　(2)「食品ロス」を社会全体で解決していくにはどうすればよいか
	江　東　商　業	600～800	50	●高校卒業後の夢や目標について，「その夢や目標を持つきっかけになったこと」と「その夢や目標達成のため本校でどのような生活を送るか」をふまえて述べる　●中学校時代に力を入れて取り組んだこと，高校で意欲的に取り組みたいこと，卒業後の進路の３つの観点をふまえ，本校を志望した理由を述べる
	第　三　商　業	525～600	50	●新しい分野を学ぶにあたって心がけたいことは何か，高校生活の過ごし方にふれながら述べる　●自分のよいところと，それをこれからどのように活かしたいかを，経験したことや中学校までに学んだことをふまえ，具体的に述べる　●「２年後の私」を，経験してみたいことをふまえて述べる　●本校は「一人ひとりが光り輝く学校」を目指しているが，あなたが光り輝くために高校生活をどのように送ろうと考えるか，また，周囲の人も輝かせるためにはどのようにするか述べる
品川区	小　　山　　台	(1) 100～120 (2) 450～500	50	☆(1)資料から読み取れる，プラスチック製品に対する日本人の認識を述べる　(2)資料を参照し，海洋プラスチックごみの削減に向けた日本の課題と解決策について考えを述べる　☆(1)資料から読み取れる，国民の読書を推進するうえでの課題を述べる　(2)資料を読み，「書店のない自治体の増加」について考えを述べる　☆(1)資料１と資料２から読み取れることを書く　(2)資料を参考に，地球温暖化対策における国内外の課題をあげ，解決策を述べる　☆(1)資料１～３のグラフを読み取り，日本での外国人旅行者の現状を述べる　(2)文書とグラフを参照し，農山漁村の活性化と観光立国実現を結びつけるうえでの課題と解決策について考えを述べる
	大　　　　崎	540～600	50	●AIが代わることのできない人間の能力は何だと思うか，また，その能力を身につけるため本校でどのようなことに取り組むか具体的に書く　●本校の標語「磨き・高め・輝け」と中学校時代の体験をふまえて，入学後どのような時間を過ごしたいか具体的に述べる　●10年後の未来像を書き，そのビジョンを描いた理由と，それを実現させるために高校生活で取り組みたいことを具体的に述べる　●将来の目標を実現するために，本校で新たにどのようなことに挑戦したいか，将来の目標を明らかにしたうえで，具体的に書く
	八　　　　潮	300～400	30	●男：本校が目指す学校像をふまえ，ルールを守ることの大切さについて具体例をあげて述べる　女：本校が目指す学校像をふまえ，地域に愛される学校になるために必要なことについて具体例をあげて述べる　●男：本校が期待する生徒の姿に，「まじめな態度」「進路や生き方を真剣に考え」「実現に向けて意欲的に取り組む」とあるが，これをふまえ，どのような学校生活を過ごしたいか述べる　女：「学習活動と部活動を両立」「学校行事等に積極的に取り組む意欲」とあるが，これをふまえ，どのような学校生活を過ごしたいか述べる　●男：時間を守ることのよい点を，具体例をあげながら書く　女：コミュニケーションを十分にとることのよい点を，具体例をあげながら書く　●男：同級生とどのように接したらよいと思うか，具体例をあげて書く　女：後輩とどのように接したらよいと思うか，具体例をあげて書く

地区	学校名	文字数	時間(分)	作文・小論文の出題課題
目黒区	駒場	(1)100 (2)500	50	●東京オリンピック・パラリンピックのスポーツピクトグラムに関する資料を読み，(1)「多様性と調和」を実現するうえでピクトグラムの果たす役割について自分の考えを書く　(2)「多様性と調和」を大切にした学校生活とはどのようなものか具体的な体験や例をあげて書く　●「和実生物　同則不継」(調和から万物は生じるが，同調で組織は継続しない)という言葉について，具体的な体験や例をあげて考えを書く　●「優れた記憶は，弱い判断力と結びつきやすい」という言葉について，具体的な体験や例をあげて考えを書く　●「知識はたやすく得られる，だが知恵を得るには時がかかる」という言葉について，具体的な体験や例をあげて考えを書く
	国際	540～600	60	☆AIに関する2つの文章とグラフを読み，これからの時代に必要となる能力は何かについて自分の考えと理由を書き，その能力を本校でどのように伸ばすか具体的に述べる　☆太陽の色の認識の違いに関する文と日本でのみ通じるジェスチャーに関する文を読み，入学後どのようなことを意識して学校生活を送っていきたいか，理由と具体例をあげながら述べる　☆『思考は現実化する(ナポレオン・ヒル)』を読み，文章中の「失敗には種子が含まれている」とはどのようなことかを，自分の経験をふまえて具体的に書き，その経験をこれからの高校生活にどのように活かしていくかを述べる　☆文章とグラフを参考に，本校において生徒どうしで協力し合い，連帯意識を築くには，どのようなことに配慮し，工夫をするか，自分の考えを述べる
	目黒	(1) 200 (2) 500～600	50	●新聞記事「笑って損した者なし」を読み，(1)要約する　(2)「笑うこと」について考えることを書く　●「樹木にとって最も大切なものは何か，と問われたら，それは果実だと誰もが答えるだろう，しかし実際には種なのだ」という言葉がどのような内容を表現しているか説明したうえで，考えたことを述べる　●「足もとを掘れ，そこに泉あり」という言葉について，この言葉がどのような内容を表現しているか説明したうえで，この言葉から考えたことを述べる　●「人の絵を解そうとする人は多いが，小鳥の歌を解そうとする者は少ない」という言葉について，この言葉がどのような内容を表現しているか説明したうえで，この言葉から考えたことを具体的な見聞や体験をふまえて述べる
大田区	雪谷	600	50	●中学校生活で取り組んだことと，本校での目標と実現のための取り組みについて書く　●「母校愛」をどのように考え，入学後それを育てるため何をするか書く　●「リーダーに求められる力」と，その力を養うために高校で何に取り組むか，具体的に書く　●将来の夢は何か，また，その夢を実現するために本校で取り組みたいことを具体的に書く
	大森	570～600	50	●高校生として「ルールを守ること」についての考えを今までの経験をもとに書いたうえで，高校生活をどのように過ごすか述べる　●社会人に求められる能力を1つあげ，その理由を今までの経験をもとに書き，その能力を伸ばすために本校でどのように過ごすか述べる　●学校のクラスには異なる文化や価値観を持った人たちがいるが，意見がぶつかったときにお互いが納得するために大事なことは何かを，今までの経験をふまえつつ述べる　●本校の校舎は改修工事をしたばかりのため新しくきれいだが，今後もきれいな学校環境を実現するためには何が大切かを，体験をふまえたり学校生活をイメージしたりしながら，具体例をあげて述べる
	田園調布	540～600	50	●今まで自分が一番誇りに思えた経験をあげ，その理由とそこから得たことを具体的に書く　●これからの時代，知識の量を増やすだけでなく，自ら問題を発見し解決する力が重要になるとされているが，なぜその力が大切かを具体的な体験や例をあげながら述べる　●子どもの読書は，人生をより深く生きる力を身につけていくうえで欠かせないものだと言われているが，なぜ「読書」が大切かを具体的な体験や例をあげながら述べる　●学力向上を図るためには「自学自習」が大切であると言われているが，なぜ「自学自習」が大切なのか，具体的な体験または例をあげて自分の考えを書く

地　区	学 校 名	文字数	時間(分)	作文・小論文の出題課題
大田区	蒲田	500	50	☆「礼を尽くす」ことに関し，これまで経験したことや高校生活でどのような行動をしようと思うか具体的に書く　☆自分が守るように努力した校則をあげ，なぜその校則を守る必要があったのかを具体的に書き，また，それをふまえてどのように高校生活を送るかを述べる　☆本校の期待する生徒の姿の3つ目「体験学習で新たな自分の可能性を高め，宿泊体験研修で勤労と社会性を学び，その成果を自分の将来に活用できる生徒」について，自分が今までに体験によって学んだことはどのようなことか，また，本校での体験学習を通してどのようなことを学びたいか，自分の経験や見たり聞いたりしたこと等を示しながら，具体的に述べる
	美原	500～600	50	●課題文を読み，今までの経験をふまえて自分にとっての勉強することの「別解」を書き，そのうえで本校に入学したら具体的にどのような勉強をしていくか具体的に述べる　●『自分の才能は何だろう？―可能性の心理学(早乙女紀代美)』を読み，これまでの経験をもとに自分の長所・短所について述べ，それをふまえ高校生活を通してどのように成長したいか書く　●『プラネタリウムを作りました。(大平貴之)』を読み，今までに好奇心や興味を持って追求してきたことを具体的に書き，その経験をふまえてどのような高校生活を送ろうと考えているか述べる　●努力した人のさまざまな言葉を読んだうえで，中学時代に「努力」した経験と，その経験を活かして高校生活の中で具体的にどのような「努力」をしようと考えているか
	大田桜台	400～600	50	●高校生活で力を入れたいことを，卒業後のこともふまえて書く　●高校生として取り組みたいこと　●理想の高校生活　●本校で学びたいこと
	六郷工科	600	50	●自分が「チャレンジしてきたこと」について体験・経験等をふまえて具体的に書き，「高校でチャレンジしたいこと」を述べる　●あなたの「努力してきたこと」について体験・経験等をふまえながら具体的に述べ，「高校で努力したいこと」を書く　●「得意なこと」について，自分の体験・経験等をふまえながら具体的に書き，それを高校生活にどのように活かしていくか述べる　●(1)「家庭学習」について，自分の体験や経験を述べる　(2)(1)をふまえ，「家庭学習」について考えることを述べる
世田谷区	松原	600	50	●文章を読み，「一度しかない青春時代だからこそやりたくないこともやらなければならない」理由と，「未熟な自分に都合のよい解釈だけをして生きようとすること」が危険な理由について，「成長」「人生」の語を必ず用いて考えを書く　●「やばい」という言葉について広辞苑に新たな解説がつけ加えられたが，言葉が新しい使われ方をすることをどう考えるか，また，それはなぜかを述べたうえで，「言葉」「社会」の語を必ず用いて自分の考えを書く　●これまでの生活を振り返り，自分の考え方によい影響を与えた言葉を具体的にあげ，「なぜ，その言葉が強く印象に残ったのか」「その言葉は，将来の自分の生き方にどのような影響を与えると思われるか」の2点を述べたうえで，「言葉の持つ力」について考えることを述べる　●男：将来の希望を実現させるには「自学自習」の姿勢を身につけることが大切だが，なぜその姿勢が大切なのか，また，その大切さについて自分の体験をもとに具体例をあげて書く　女：現代は国際社会と言われるが，「国際化」とはどのようなことか，また，「国際化」が進む社会で活躍するには，どのようなことを高校生活で身につければよいか，具体的に書く

地　区	学 校 名	文字数	時間(分)	作文・小論文の出題課題
世田谷区	桜町	500～600	50	☆国際学習到達度調査に関する新聞記事とグラフから問題点を読み取り，高校生の読解力低下について具体的な解決策を考える　☆Aの文章(食品ロスに関する文章)とBの円グラフ(家庭から出る生ごみの内訳)から読み取れる社会問題を指摘し，解決策を述べる　☆Aの文章とBのグラフ(平成29年10月実施の第48回衆議院議員総選挙の年齢別投票率)を見て，読み取れる社会問題を指摘し，自分がどのような有権者になりたいか述べる　☆A「機械が奪う職業・仕事ランキング」から職業を1つ選び，Bの文章(自動運転を例にあげ，人工知能を核とした情報通信技術が産業界に与える影響を論じた内容)を参考に，機械がどのようにして職業を奪っていくのか具体的に説明し，それに関して自分の意見を述べる
	千歳丘	600	50	●「時は金なり」ということわざを聞いて考えることを具体例をあげながら書く　●本校の求める「学級活動・部活動・委員会活動・学校行事などに積極的に参加し，入学後も継続して努力が期待できる生徒」になるために目標を1つ決め，その達成のためにどのような努力をするか，具体的に書く　●10年後どうなっていたいか将来の自分の姿を想像し，その実現のために本校でどのようなことに取り組んで学校生活を送りたいか，具体的に書く　●人間はなぜ何かを学ぶ必要があると思うか，学ぶ理由と，あなたが本校において何についてどのように取り組むかを具体的に書く
	深沢	540～600	50	●中学校時代に取り組んだことの中で，目標を達成するために自分の考えや判断によって行動したことを具体的に書き，また，その経験を活かして入学後どのような高校生活を送りたいと考えるか述べる　●中学校生活で努力した経験から学んだことを書き，それを活かして本校で取り組みたいことを具体的に述べる　●なぜ時間を守ることが大切にされているのか，その理由を自分の体験をふまえ，具体例をあげながら書く　●文章を読み，人間の成長に関してなぜ読書が必要かを自分の経験もふまえて書き，また，これからの読書活動をどのように自分の高校生活の中に取り入れていくか述べる
	芦花	500～600	50	●産業界が学生に求める資質・能力の第一位は「主体性」だが，その理由として考えられることを，具体的な体験や例をあげて書く　●中学校で最も意欲的に取り組んだことと，学んだことは何か，また，それを高校生活でどのように活かすか具体的な体験をふまえて書く　●夢の実現には何が必要か　●科学技術の発展に対し，どのような点に配慮すべきだと考えるか，具体例をあげて述べる
	世田谷総合	600	50	●社会に貢献することは生活上重要な行動の1つだが，このことについて自分の考えを書き，高校でどのような力を身につけたいか理由を含めて述べる　●将来，社会を担う一員としてどんな力が必要になるかを書き，その力を身につけるために，高校生活をどう過ごそうかと考えているか述べる　●中学校時代に取り組んだことの中で，目標を達成するためにあなた自身が主体的に行動し，周囲によい影響を与えたことを具体的に書き，その経験を活かして入学後どのような高校生活を送りたいか述べる　●10年後の将来像を考え，その実現のために中学校で取り組んだこと，そして本校での3年間で取り組みたいことを書く
	園芸	540～600	50	●これからの社会では「チームで取り組む力」が必要とされるが，中学校での経験をふまえながら，チームで取り組むためには何が必要かを理由とともに書き，また，そのことが本校での生活においてどのように発揮されるか述べる　●本校の期待する生徒の姿に「挨拶ができ，ルールを守り，汗をかくことをいとわない生徒」とあるが，これに基づいて中学校での経験をふまえながら，入学後に取り組みたいことを理由とともに書く　●農業人口が減っていることが問題となっているが，農業の魅力を多くの人に理解してもらうために，高校に入ってから取り組みたいことは何か　●将来どのような職に就くことを希望しているか，また，その職に必要な力はどのようなものか，さらに，それを身につけるため，本校でどのようなことに取り組みたいと考えているか

地　区	学　校　名	文字数	時間(分)	作文・小論文の出題課題
世田谷区	世田谷泉	600	50	●「前方に道が見えたら，じっと眺めているのではなく歩き出そう」という言葉をふまえ，⑴これまでの経験と，本校の特色をもとに高校生活で取り組みたいことを述べる　⑵将来の目標や進路希望について述べる
渋谷区	青山	⑵250	50	☆⑴日本の産業と貿易についての資料を読み，2016年までに大きく衰退したと考えられる1960年当時の日本の主要産業をあげる　⑵関税が削減されることで日本の産業にあらわれる影響をよい面，悪い面の両面から述べ，また，少子高齢化が進行する中，日本が貿易協定の締結を進めている理由と将来望ましいと考える日本の産業の姿について述べる　⑶「濃度と反応後の質量の関係」についての実験報告書における表から，NaOH水溶液に含まれるNaOHの質量を計算し，グラフを完成させる　⑷⑶のグラフの形状を説明し，その理由をHNO_3，NaOH，$NaNO_3$，H_2Oの量から説明する　☆⑴「子供を生み育てる女性は国家によって保護されるべきか」を主題とした資料１・２を読み，それぞれの筆者の主張を簡潔にまとめたうえで，それに対するあなたの考えを立場を明確にして，根拠を含めて述べる　⑵資料Ａ・Ｂを読み，タイプⅡの細胞の半径と体積当たりの表面積の関係のグラフを完成させる　⑶タイプⅠの細胞の成長には限界がある理由を説明する　☆⑴日本のエネルギー問題についての資料を読み取り，1970年度から1980年度の期間をａ，2010年度から2015年度の期間をｂとして，それぞれの期間における日本のエネルギー別発電量の推移について背景を含めて述べる　⑵2015年度よりも総発電量を下げることなく，パリ協定に基づいた日本の目標を達成するためには，発電においてどのような取り組みが必要となるか，資料３から実現性が高い具体的な発電方法を取り上げ，根拠を含めて考えを述べる　⑶光の屈折について，図表から読み取ったことをもとに実験結果を作図する　⑷水中では空気中に比べて光の屈折がどのように異なると考えられるか，また，魚が遠くの物体を見るとき，どのような仕組みで焦点の位置をずらしピントを合わせているか，考えを述べる　☆⑴自動車産業や自動車生産に関する資料のうち，資料１に該当する都府県を資料２中のＡ～Ｆのうちから１つ選び，記号と都府県名を漢字で書く　⑵資料３～５のグラフから読み取れることを，世界の自動車生産地域の変化と日本の自動車会社の動きを含めて述べる　⑶使い捨てカイロの仕組みを調べる実験に関して，未使用の使い捨てカイロの内容物を取り出してビーカーに入れたときの，質量変化を測定した結果をグラフで表す　⑷実験結果から，使い捨てカイロの袋にはどのような性質があると考えられるか，使い捨てカイロの袋が持っている性質をあげ，その根拠を述べる
	広尾	540～600	50	●資料をもとに，2020東京オリンピック・パラリンピック開催にあたり，高校生としてどのようなことをしたいと考えるかを述べる　●「船は港にいれば安全だが，それでは船の用をなさない」という言葉についてどのように考えるか，体験をふまえて書く　●「失敗しない者はたいてい何も生み出さない」という言葉について，どのように考えるかを自分の体験もふまえて述べる　●「春」「夏」「秋」「冬」から１つ好きな季節を選び，体験にもふれながら，理由を含めて述べる
	第一商業	500～600	50	●中学校で取り組んできたことと，身につけたことを述べたうえで，入学後どんな取り組みをし，将来どう活かすかを書く　●本校でどのような学習に取り組みたいか理由とともに述べたうえで，入学後どのような努力をするかを具体的に書く　●「資格取得」について，本校でどのような資格を取得したいかを第一段落，そのために入学後どのような努力をするかを第二段落に書く　●「ひとづくり」について，中学校でどのようなことを，どのように身につけてきたのかを第一段落，入学後，どのようなことを身につけ，どのようなことを将来に活かしたいかを第二段落に書く

地　区	学　校　名	文字数	時間(分)	作文・小論文の出題課題
中野区	鷺　　　宮	540～600	50	●国際化が進む中，「英語力」以外に必要な力は何か，自分の体験や経験をふまえて書き，それを身につけるために本校でどのような活動をしていきたいか述べる　●「信頼」が大切である理由と，中学校時代に人から信頼されるためどんな努力をし，結果自分にどのような変化をもたらしたか，具体的な行動や体験をあげながら述べる　●子どもたちの65％は将来，今は存在していない職業に就くことや，今後10～20年程度で半数近くの仕事が自動化される可能性が高いといった予測がされている中，未来に向けてどのような力を身につける必要があると考えるか，また，そのためにどのような高校生活を送ろうと思っているか　●文章を読み，演説者が「人生に何を詰め込むべきであるか」と言っているのかを書き，そのうえで自分は人生に何を詰め込みたいのかを述べる
	武　蔵　丘	540～660	50	●学校生活の中で「ノーサイドの精神」が必要だと思う場面を1つあげ，それが必要とされる理由を述べる　●あなたにとって「幸せ」とはどのようなものか，これまでの経験や見聞をあげて書き，また，人はどのようなときに「幸せ」を感じるのかを考察して述べる　●「高校生の勉強の仕方」に関するグラフの内容にふれながら，高校生としてどのように勉強するのが望ましいか，考えを述べる　●グラフの内容にふれながら，あなたが考える「勉強の目的」について述べる
杉並区	西	600	50	●「『わかりやすさ』の罠にはまらないようにするためには，やはり私たち社会を構成するひとりひとりが『知る力』をもっと鍛えなければならない」という言葉について，感じたり思ったりしたことを述べる　●「数について何かを発見するためには，数を転がして，ころころと手のひらで弄ぶことが一番重要なんです」という言葉について，感じたり思ったりしたことを述べる　●「問題を出さないで答えだけを出そうというのは不可能ですね(岡潔)」という言葉について，感じたり思ったりしたことを述べる　●「世界は『のっぺらぼうである』(西江雅之)」という言葉について，感じたり思ったりしたことを述べる
	豊　多　摩	500～600	50	●「一番忙しい人間が一番多くの時間を持つ」という言葉について，具体例をあげながら自分の考えを述べる　●「習慣は第二の天性なり」という言葉について，考えることを具体例をあげながら述べる　●「不言実行」という言葉について，考えることを具体例をあげて述べる　●窓
	杉　　　並	540～600	50	●本校に入学後チャレンジしたいことを具体的に書き，それが社会や世界でどのように役立てられるか述べる　●グローバル人材とはどのような力を備えた人材なのか，自分の体験や見聞をもとに書き，また，そのような力を身につけるためにどんな高校生活を送るべきかを述べる　●2020年東京オリンピック・パラリンピックの開催時には，多くの外国の方が東京を訪れ，迎える側の私たちには異なる文化を理解し行動することが求められているが，「異なる文化を理解し行動すること」とはどのようなことか，自分自身の体験や見聞などをもとに考えを述べ，その実現のために本校でどのように過ごしたいかを書く　●あるオリンピック金メダリストが，「夢を実現するためには，多くの引き出しを持つことが大切である」と言っているが，自分にとっての「引き出し」とは何か，具体例を1つあげ，今までの自分の体験や見聞したことをふまえて，今後の高校生活やその先の人生でどのように活かすか書く
	杉　並　総　合	540～600	50	●自分の意見と考え方が違う人とコミュニケーションをとるうえで大切にしなければならないことを，中学校での経験をふまえて書く　●15年後どんな自分になっていたいか，また，それを実現するために，入学後どんな取り組みをするか　●「なりたい自分」を実現するために，これまでどのような取り組みを行ったか，また，高校ではどのように取り組もうと考えているか　●これまでの経験をふまえ，本校で自分のどのような部分を伸ばしていきたいか

地区	学校名	文字数	時間(分)	作文・小論文の出題課題
杉並区	農芸	540〜600	50	●(1)志望学科でどのように学習するか，中学校での体験にふれながら理由と合わせて書く (2)(1)で述べた学習の成果を高校卒業後にどのように活かすか，学習の成果を活かすことができる進学または就職等の計画にふれ，理由とともに述べる ●志望学科で何を学び，どんな学校生活を送りたいか，また，それらで身につけたことを将来どのように活かしていくか ●将来，社会に貢献できる人となるために，本校で何を学びたいか ●将来，社会で活躍するために，本校の３年間で身につけたいことを，中学校での経験も含めて書く
豊島区	文京	(1)200 (2)500	50	☆(1)資料を分析したうえで，現在，日本ではどのような能力の育成が必要か述べる (2)筆者の主張をまとめたうえで，「学ぶ」ことについて，自分の考えを体験や経験をふまえて述べる ☆『世界は分けてもわからない(福岡伸一)』を読み，(1)図を参考にして，眼とカメラの構造を対比させながら網膜の役割を説明する (2)「ある意味ですべてが空目であるな」とは筆者のどのような考えに基づくものかを説明する (3)「そのリアルのありようを知るために，私たちは勉強しなくてはならない」ということについてどう考えるか，本文をふまえつつ，自分の見聞きしたことを交えながら述べる ☆『他者の声 実在の声(野矢茂樹)』を読み，(1)質量100ｇのおもりの落下実験の結果をまとめた表をもとに，おもりの落下時間と速さ，おもりの落下時間と落下距離の関係を表すグラフを選び，それぞれのグラフの説明をする (2)「なぜ物は落ちるのか」という問題に対する，アリストテレスとニュートンの考えを述べ，筆者がどちらを評価しているのかを説明する (3)文章中の「『なぜ』の問いに答えていこうとする人間の営み」についてどのように考えるか，自分の見聞きしたことや経験したことも含めて述べる ☆『学問の創造(福井謙一)』を読み，(1)傍線部①について，引用された「夢十夜(夏目漱石)」の話と学問における創造のあり方との比較で，どのようなことを筆者が感じたのか説明する (2)傍線部②について，水は固体になったほうが体積が大きくなるという性質を持っているが，その理由を説明文と図４点から考察し，説明する (3)傍線部③で筆者は「広く学ぶことが大切になってくる」と述べているが，この文章をふまえて，あなたが「広く学ぶ」ことの意義をどのように考えたかを，根拠を明らかにして述べる
	豊島	(1) 100〜200 (2) 150〜200 (3) 200〜400	50	☆(1)キャッシュレス決済に関する図表から読み取れることを書く (2)キャッシュレス決済のメリット・デメリットをあげ，その広まりについての考えを述べる (3)男女別平均寿命の推移に関する資料をもとにつくられた，ＡさんとＢさんのグラフの表示が違っていた原因を指摘し，グラフを作成するとき，あるいは作成されたグラフを見るときに留意すべきことは何かについて述べる ☆(1)文章Ａ『それでも宇宙は美しい！(佐治晴夫)』を読み，要約する (2)文章Ｂ『「自分」の壁(養老孟司)』を読み，文章Ａとの共通点を述べる (3)文章Ａと文章Ｂの共通点をふまえ，予測困難な時代を生き抜くために，高校生として何をどのように取り組むべきか，具体例をあげながら述べる ☆(1)生物にとっての強さに関する文章を読み，要約する (2)(1)をふまえ，将来，社会を支える人間として強く生きていくために，高校生としてどのように取り組むべきか，具体例をあげながら述べる ●「至誠」とはどのようなことだと考えるか，また，それを将来にどう活かすか
	千早	(1) 50 (2) 40 (3) 320〜400	50	☆課題文を読み，(1)「ないもの」と扱われがちな人々が声をあげられない理由を述べる (2)筆者が相手との合意形成に必要なことだと考えていることは何か答える (3)高校という共同生活の場において，他者との対話のために大切なことを理由も含めて述べる ☆コミュニケーションについての文章を読んで，(1)空欄に入る語句の組み合わせを選択する (2)空欄に入る語句を抜き出して答える (3)文中の「コミュニケーション力」について考えを述べる (4)ボーダレス化，多文化社会化が進んだ世の中で高校時代に伸ばしたい力について，理由を含めて書く ☆「貧困」と「貧乏」の違いについての文章を読み，(1)指示語の指す内容を答える (2)「貧困」の定義をまとめる (3)貧困を解決するためにどのような手立てを考えるか述べる ☆「外国語学習」についての文章を読み，(1)筆者が「もしすべての言語が互いに簡単に直訳できるとするなら，地球上にはたった１つの文化しかなく，外国語は単なる記号・暗号のようなものと言える」と述べる根拠を，本文中の語句を用いて答える (2)「外国語学習」について，筆者は外国語を学習するためにどのようなことが大切だと考えているか，本文中の語句を用いて答える (3)「外国語を学習すること」の意義について，あなたはどのように考えるか

地　区	学　校　名	文字数	時間(分)	作文・小論文の出題課題
北　区	飛　鳥	700	50	●大きな目標を達成するためにどのような高校生活を送りたいか，これまでの経験をふまえて具体的に書く　●本校では，部活動，生徒会活動，文化祭，体育祭などの活動があるが，入学後，あなたはどのように協力して，よりよい活動を築こうとするか，経験をふまえ具体例をあげながら述べる　●今後どのようなボランティア活動をしていきたいか，理由も含めて具体的に書く　●「継続は力なり」という言葉から，どのような高校生活を送りたいと考えるか，経験もふまえて書く
	王子総合	540～600	50	●「挑戦することの大切さ」について，自分の経験にふれながら書く　●「個性を大切にすること」について，自分の経験にふれながら書く　●「文化を大切にすること」について，自分の経験にふれながら書く　●「言葉が持つ力」について，あなたが考えることを書く
	桐ヶ丘	600	50	●本校の特徴を２つあげ，それらを活かして実現したい高校生活のプランを具体的に述べる　☆コミュニケーションの上手な人についての筆者の主張をふまえ，自分の体験や見聞を具体的に示しながら，これからの高校生活で実現したいことを述べる
荒川区	竹　台	600	50	●入学後学習面でどのような努力をしていこうと考えているか，中学校での具体的な取り組みをふまえて書く　☆コミュニケーションの上手な人についての筆者の主張をふまえ，自分の体験や見聞を具体的に示しながら，これからの高校生活で実現したいことを述べる　☆『若者のためのまちづくり(服部圭郎)』を読み，都市・東京が必要としているあなたの力について，筆者の述べていることをふまえ具体的に述べる　☆雇用動向調査についての資料を見て，(1)資料から読み取れる問題点を示し，原因についてまとめる　(2)(1)で述べた問題点をどう改善していけばよいか，自分の考えを述べる
板橋区	北　園	(2) 40～50 ×2 (3) 150～200 ×2	50	☆(1)「耐久消費財」の特徴が記述されている文章を読み，図と照らし合わせ，適切な組み合わせを１つ選ぶ　(2)図を読み取り，乗用車を手放す理由を２つあげる　(3)効率性という観点から，日常生活で使われるモノが変化することに肯定的なＡチームと，否定的なＢチームでディベートするとき，ＢチームとしてＡチームへの反論を述べる　☆(1)表からバーチャルウォーター(VW)量が最も多い食品をあげ，その理由を「出荷時月齢」「出荷時体重」「体重１kg増体に要する穀物飼料」の語句の中から１つ以上用いて説明する　(2)日本が一人当たりの水資源の輸入が多い国である理由を説明する　(3)節水についての生徒の会話を読み，間接的な節水をクラスにどう呼びかけるか具体的な場面を設定して書く　●(1)リーダーに関する文章を読み，山中伸弥氏と中満泉氏はどのような姿勢で仕事に取り組んでいるか書く　(2)理想とする「リーダー像」とはどのようなものか，具体的な場面を設定して書く　●文章を読み，「自由」について具体例をあげながら自分の考えを書く
	板　橋	540～600	50	●「チャレンジ精神」という題で，関連する具体的な体験を含め，入学後の学校生活にもふれながら書く　●「本を読むこと」という題で，関連する具体的な体験を含め，入学後の学校生活にもふれながら書く　●「私が大切に思うこと」という題で，具体的な体験を盛り込み，入学後の学校生活にもふれながら書く　●「自己を見つめて」という題で，出会いやできごとを盛り込み，高校入学後の学校生活にもふれながら書く
	大　山	480～600	50	●将来，社会の一員としてどのように活躍していくか，また，その実現のため入学後どのように取り組むかを勉強や部活動，生徒会活動，学校行事などの場面を想定して具体的に述べる　●10年後どのような人間になりたいか，その実現のために入学後努力しなければならないと思うことを具体的に述べる　●高校卒業後の「未来」に向けて，高校生活で具体的にどのようなことに取り組んでいくか述べる　●(1)これまでに夢中になったり，努力したりして達成した具体的な体験は何か　(2)その体験からどのようなことを学び，それをどのように高校生活に活かすか

地区	学校名	文字数	時間(分)	作文・小論文の出題課題
板橋区	高島	400	40	●「人間力」というテーマで，高校生活で力を入れて取り組みたいことを，体験をふまえて具体的に述べる　●「大人になる」というテーマで，高校生活で力を入れて取り組みたいことを，体験をふまえて具体的に述べる　●「自主・自律」をテーマに，自分の体験をふまえながら，高校生活で力を入れて取り組みたいことを具体的に述べる　●「学ぶ」をテーマとして，自分の体験をふまえながら，高校生活で力を入れて取り組みたいことを具体的に述べる
	板橋有徳	400～600	50	●「遊び」を通して得たことや成長したことを，具体的な経験を含めて書き，また，それを今後の学校生活にどう活かしていくか述べる　●努力を積み重ねた経験を1つあげ，それをふまえて高校でどんな力を身につけ，将来どのように活かそうと考えているか述べる　●「私の夢」を，高校時代どう過ごすかにもふれながら具体的に述べる　●中学校での活動で学んだことは何か，また，それをどう高校生活で活かすか
	北豊島工業	350～400	40	●高校生活で何を学びたいか述べる　●パソコン・スマートフォン等を用いてインターネットを使用するさい，どんなルールが必要か具体的な例や体験をあげながら考えを書き，また，高校生活においてどのように取り組むかを述べる　●学校生活を送るうえで，挨拶や時間を守ることなど，基本的な生活習慣を身につけることの重要性について，中学校での体験や「本校の期待する生徒の姿」の内容をふまえて述べる　●中学校生活を振り返り，高校生活で頑張りたいことを，「本校の期待する生徒の姿」の内容をふまえて具体的に書く
練馬区	井草	(1) 160～200 (2) 320～400	60	☆(1)世界のプラスチックの生産・流通の流れを示した図から読み取れることをまとめる　(2)プラスチックごみの問題点をあげ，どのような解決策が考えられるか述べる　☆(1)2016年7月の参議院選挙と2017年10月の衆議院選挙における全体・18歳・19歳の投票率の割合のデータから読み取れることをまとめる　(2)若者の投票率を上げるために必要なことを述べる　☆『不幸な国の幸福論(加賀乙彦)』を読み，「KY」という言葉が日本で流行した理由を明確にし，それをふまえて，国際社会で活躍するためには何が必要か，具体例をあげて述べる　☆「勉強ができる」と「賢い」の違いを明確にしたうえで，自分にとって「学ぶ」とはどういうことかを具体例をあげて述べる
	石神井	500～600	50	●漢字一文字を選び，選んだ理由を自分の体験と将来の夢を交えて書く　●「情けは人のためならず」ということわざについて，具体的な体験や例をあげながら考えを書く　●「友情はつくり上げていくものであり，その友情は守る努力をしていかないと失われてしまう」ということについて，具体的な体験や例をあげて自分の考えを書く　●「努力する人は希望を語り，怠ける人は不満を語る」という名言があるが，この名言をこれからどのように活かしていくか
	練馬	400～600	40	●これまで「自主性」を持って取り組んだことと，入学後「自主性」を持って取り組みたいと考えていることを述べる　●「継続は力なり」という言葉について，これまでどのようなことを継続させてきたか，また入学後どう活かすか述べる　●本校の校訓である「立志」「自律」「飛躍」の中から2つ選び，入学後の学校生活について，それぞれ抱負を述べる　●あなたは授業以外の学習について，中学校ではどのような勉強をしてきたか，また，自身の将来の夢を実現するために高校ではどのように学習に取り組もうと思っているか
	光丘	560～640	50	●「AI時代」でどのような力を身につけるべきかを，理由や本校でどのようにしてその力を身につけるかも含めて述べる　●マナーを守り，気持ちのよい高校生活を送るにはどうすればよいか述べる　●本校の教育目標の1つ「人から信じられ愛される人間になる」について，それはどのような人かを説明したうえで中学校時代の体験を書き，そのような生徒になるために，どのような高校生活を送るかを述べる　●「地道な努力を続ける忍耐力を持ち，その自信に裏打ちされた自己肯定感を持つ生徒」とはどのような生徒だと考えるか，また，このような生徒像に近づくためにどのような高校生活に取り組もうと考えているかを，中学校時代の経験もふまえて具体的に書く

地区	学校名	文字数	時間(分)	作文・小論文の出題課題
練馬区	田柄	600	50	●東京オリンピック・パラリンピック期間中にできるボランティアを1つあげ，想定される困難やトラブルについて対策も考えて述べる　●スマートフォンなどの通信機器の発達で，見知らぬ人とも簡単にコミュニケーションがとれるようになったが，その長所と短所を1つずつあげ，理由も含めて書く　●平和な社会を築いていくために，自分にどんなことができると思うか，また，高校生活でどのような力を身につけていけばよいか具体的な例をあげて書く　●高校生活を充実させるためには，どのようなことが必要かを具体例をあげて説明する
	大泉桜	500〜600	50	●「挑戦することの大切さ」について，自分の体験をふまえて書く　●本校の特色は何か，また，それをどのように入学後活かしていきたいか具体的に述べる　●将来の夢と，その実現のために高校時代に努力しなくてはならないと思うことを具体的に述べる　●あなたが今までにかけられて嬉しかった言葉は何か，理由も含めて書く
	第四商業	400〜600	50	●中学校での「学習面」「生活面」について，最も力を入れたことを具体的に書き，入学後何を学びたいかを述べる　●将来どんな「社会人」になりたいか書き，また，そのために本校でどんなことを学ぼうと考えるかを，「学習に関すること」「生活に関すること」の2点について具体的に述べる　●中学校で，どのような勉強に前向きに取り組んだか，また，社会生活を送るうえでどのようなルールやマナーを大事にしているか，それぞれ具体的に述べる　●中学校でどのような経験をし，そこからどのようなことを学んだか，また，それを活かして，高校入学後にどのようなことに取り組みたいかを具体的に書く
足立区	足立	480〜600	50	●「地道に努力していると思う生物」を1つ選び，ふさわしい題をつけたうえで，その生物を選んだ理由，自分の日常や学校生活との比較，高校生活の抱負や将来の夢をふまえて述べる　●社会に貢献できる人間として，将来どんな人になりたいかがわかるような題名をつけ，どうしてそのような人になりたいか，また，そのために高校生活でどんなことに取り組みたいかを具体的に述べる　●「○○の大切さ」という題で，その理由について，見聞きしたことや体験をふまえて書く　●中学校3年間で最も努力したことについて，(1)作文のタイトルを書く　(2)作文のタイトルを決めるもとになった自分の体験と，高校3年間で継続して，あるいは新たに努力したいことを必ず入れて書く
	江北	500〜600	50	●「軌道修正」という言葉について，あなたの考えを経験や見聞をふまえて書く　●「優先順位」という言葉について，あなたの考えを経験や見聞をふまえて書く　●「整える」という言葉について，考えたことを経験や見聞をふまえて書く　●「継続は力なり」という言葉について，考えたことを経験や見聞をふまえて書く
	淵江	540〜600	50	●集団行動において注意しなければならないことと，その理由を中学校での経験にもふれながら述べる　●授業やホームルーム活動など，グループでの話し合いをするさいに，生徒一人ひとりが心がけなければならないことはどのようなことだと思うか，2つあげたうえでなぜそのように思うかを述べる　●高校入学後，どのように「主体的・自主的」に学習に取り組むか，自分の経験や将来の目標などを示しながら書く
	足立西	540〜600	50	●異なる文化や考え方を持つ人々と接するときに必要な準備や心構えを，経験をふまえて述べる　●高校生としてマナーを向上させるために，どんな心がけや取り組みが必要か，経験をふまえて述べる　●中学校時代に人と人とのつながりを強く感じた経験を1つあげ，そのときに得たことや学んだことを本校でどのように活かしていきたいか，具体的に書く　●中学校時代に一番努力したことを具体的に書き，さらにその経験を本校でどのように活かし，どのような高校生活を送りたいか書く

地区	学校名	文字数	時間(分)	作文・小論文の出題課題
足立区	足立東	(1)簡潔に (2)簡潔に (3)200〜400	50	●(1)中学校生活の中で「良識」ある行動が求められる場面はどのようなときか述べる (2)(1)の理由 (3)学校生活の中で「良識」ある行動をするために重要なことは何か述べる ●(1)中学校３年間を振り返って，あなたが「意志」を貫いたことは何か (2)(1)によって，あなたはどのように成長できたと思うか (3)「意志」を貫くという題で作文を書く ●(1)「自分らしい」と思うのは何をしているときか (2)そのように考えた理由 (3)「自分らしさ」という題で作文を書く
	青井	400〜500	40	●中学校生活で最も成長できたと思うことは何か，また，その経験を活かして高校生活でどのようなことに挑戦していきたいか，本校の特色をふまえて書く ●中学校生活で取り組んだ中で最も自信のあることは何か，また，それを活かしてどんなことに挑戦したいかを，本校の特色をふまえて書く ●中学校生活でコツコツ取り組んだことは何か，また，それを高校卒業後の進路実現にどう活かすか
	足立新田	600	50	●中学校時代に失敗から学んだことをあげ，今後の高校生活でその経験をどのように活かしたらよいと思うかを書く ●20年後どんな人になっていたいか，また，それを実現するためにどのような高校生活を送りたいかを具体的に書く ●中学校生活で積極的に取り組んだ活動について具体的に書き，それをふまえてどのような高校生活を送りたいかを述べる ●中学校時代の経験をふまえて，本校での目標を書き，また，目標達成のためにどのような高校生活を送りたいかを具体的に書く
葛飾区	葛飾野	600	50	●これまでの困難から，「叡智」をどのようにして身につけたか，また，入学後それをどのように伸ばしていけるか具体的に述べる ●「自立」についてどの程度達成できているか，その理由を経験をふまえて述べ，入学後「自立」の精神を学校や家庭でどのように伸ばしていきたいか，具体的に書く ●本校の教育目標の１つである「敬愛」は「仲間を大切にし，学び合い，育ち合うことにより，自らを高めようとすること」だが，「敬愛」について自分の経験をふまえて考えを述べ，入学後に「敬愛」の精神をどのように伸ばしていきたいか，具体的に書く ●徳川家康のホトトギスの逸話を参考に，「時を待つこと」について，最初の段落に自分の経験を，次の段落に自分の考えを，最後の段落に本校で過ごしたい高校生活の姿を具体的に書く
	南葛飾	500〜600	50	●これまでどのような考えでボランティア活動に取り組んできたか，また，それを通じて学んだことを活かして社会に貢献するために，高校生としてどのようなボランティア活動に取り組むか具体的に述べる ●学力を向上させるために，どのように学習に取り組むか，また，集団生活において，どのようにリーダーシップを発揮するか，具体的に書く ●本校で新たに挑戦したいことは何か，また，挑戦したことを卒業後どう活かすか ●中学校で継続的に努力したことは何か，また，それを本校でどう活かすか述べる
	葛飾総合	540〜600	50	●「協調性」をどのように育てていくか，具体例をあげながら述べる ●本校の特色を活かし，高校生活でどのように「専門性」を高めていくか，具体例をあげて述べる ●本校の特色を活かし，高校生活でどのように「表現力」を高めていくか，具体例をあげて述べる ●本校の特色を活かし，高校生活でどのように「課題対応力」を高めていくか，具体例をあげて述べる
	葛飾商業	(1)250〜300 (2)250〜300	50	●(1)本校でどのようなことを学びたいか述べる (2)本校で学んだことを活かして，将来どのようなことに挑戦していきたいか述べる ●(1)入学試験に向けて取り組んできたことを具体的に述べる (2)本校は「ビジネスに関する事柄に興味・関心がある生徒」「学習活動や学校生活において課題の発見と解決に進んで取り組む意欲とコミュニケーション能力のある生徒」を期待する生徒としているが，これらをふまえ，本校の授業において取り組みたいことを具体的に述べる ●今までの学校生活の中で，誰かと協力して取り組んだことと，そこから学んだことを第一段落，その経験を活かして，高校生活をどのように過ごすかを第二段落として，具体的に書く ●将来の進路希望と，その進路を選んだ理由を第一段落，その進路を実現するために高校生活をどのように過ごすかを第二段落として，具体的に書く

地　区	学　校　名	文字数	時間(分)	作文・小論文の出題課題
葛飾区	農　　産	600～800	50	●「他人を思いやること」について，自分の経験をあげ，そこから学んだことを書き，その経験を高校生活でどのように活かしていきたいか述べる　●本校で力を入れて取り組みたいことは何か，また，それは自分の将来の夢とどのように関係しているか述べる　●本校でどのようなことを学びたいか，また，10年後，本校で学んだことをどのように活かしていると思うか
江戸川区	小　松　川	550～600	50	●男：「色」を１つあげ，それを題材に作文する　女：学校で「このような授業があればよい」と思う科目を新たに設定し，科目名と内容を書き，それを学ぶ理由と利点について具体例をあげながら述べる　●男：2050年までに発明・開発されていそうなものやことを，１つまたは２つあげ，生活にどのように活用されているか具体的に述べる　女：「深海」を舞台にした小さな話を創作する　●男：高校１年生の夏休みの「自由研究」で，高校生にふさわしい課題として何について研究するか，そのさいの具体的な研究手段や方法についても書く　女：入学後，あなたは図書館をどのように利用したいと思うか，今までの読書体験や，図書館での経験をふまえて書く　●男：「大人」とはどういうものか，これまでの経験をふまえ，具体例をあげつつ考えたことを書く　女：「言葉」とはどういうものか，これまでの経験をふまえ，具体例をあげつつ考えたことを書く
	江　戸　川	540～600	50	●ストレス対処法について自身の経験をあげたうえで，高校生活を送る中で起こりうるストレスに対し，経験をどのように役立てていくか述べる　●SDGsに係る「世界の長期目標」17項目のうち，指定された４項目（「飢餓をゼロに」「エネルギーをみんなにそしてクリーンに」「人や国の不平等をなくそう」「気候変動に具体的な対策を」）から１つ選択し，考えをまとめる　●「やさしい」という言葉にはたくさんの意味合いがあるが，あなたが生きるうえで目指したい「やさしさ」とはどのようなものか　●国際社会で貢献できる社会人になるためには，語学力を身につける以外に何が必要か，また，そのために本校でどのような高校生活を送りたいか
	小　　岩	600	50	●男：自然災害発生時，高校生としてどのようなことに配慮し，行動するか，自分の経験や体験にふれながら述べる　女：今後の科学・技術の発展はどうあるべきかを，生活に身近な例をあげながら述べる　●男：「腕を磨く」という言葉があるが，自分が最も得意とするものについて，何のために，どのようにその技術や能力を伸ばしてきたか，また，それらを高校生活でどう活かしていくか，経験や体験にふれながら述べる　女：AIの普及に伴い，今後社会でどのような変化が起こると考えられるか，また，その変化に適応するために高校生活でどんな力を身につけようと思うか，経験や体験をふまえて述べる　●男子：今までどのような失敗をし，そこから何を学んだか，また，その失敗を糧に，高校生になってどのようなことに挑戦したいか，自分の経験や体験をふまえて述べる　女子：これから中学校生活を始める後輩に対し，何を伝えたいか，自分の中学校３年間の体験をふまえて述べる　●男子：「マナー」の大切さとはどのようなものか，また，高校生活ではどのような「マナー」を実践していくか　女子：「リーダー」とはどのような人物か，また，本校で「リーダー」になったとき，何をどのように実践するか
	葛　西　南	400～600	50	●高校生活で頑張りたい目標を３つあげ，それを実現するためにどのような取り組みをするか述べる　●自立した社会人になるために，生活面，学習面，行事の３つの活動において，どのような高校生活を送ろうと考えているか　●本校では，生活面，学習面，特別活動や地域に貢献する活動に力を入れているが，それぞれの目標を達成するために，どのような高校生活を送りたいか　●中学校時代，最も頑張ったことを１つあげ，どのような努力をしたのか，どのような困難があったか，また，それを通して何を学び，その体験をもとに入学後に何をしたいか書く

地区	学校名	文字数	時間（分）	作文・小論文の出題課題
江戸川区	篠崎	540～600	50	●義務教育を振り返り，一番大切だと思ったことと，それを高校生活でどう活かしていくか述べる　●将来の夢は何か，またその実現のために入学後最も大切にしたいことを１つあげ，その理由や方法を具体的に書く　●入学後，どのような「可能性」を伸ばしたいと考えるか，またそのためにどのような努力をするか　●ボランティア活動や職場体験などの社会体験で学んだことと，その体験を高校生活でどう活かすか
	紅葉川	⑴150 ⑵600	60	☆⑴課題文を読み，「今は何事も『好きか嫌いか』で決めるようになりました」と筆者は述べているが，その理由を本文中の語句を用いて説明する　⑵「才能があるけど嫌いなこと」「才能がないけど好きなこと」の２つで迷う友人に対し，どちらを勧めるか述べる　☆⑴課題文を読み，筆者が述べる「協調性」と「外交性」について説明する　⑵「協調性」と「外交性」のどちらか重要だと考えるほうを選び，これまでの経験や高校生活のイメージ等，具体例を示しながら述べる　☆⑴インターネット上の投稿に対する反応についてどう向き合えばよいか，課題文ではどう述べられているかを要約する　⑵あなたがクラスで意見を述べたとき，反対意見があったが，反対意見の中の温かいものと憎しみのこもったものを見極められるようになるためには，どのようなことを心がけていく必要があると考えられるか，中学校時代の経験をふまえ，自分の考えを述べる　☆課題文を読み，⑴オリンピック・パラリンピックが「平和の祭典」であるためには，どのようなことが重要だと課題文で述べられているか　⑵よりよい高校生活を送るために，「多様性の受容」が必要だと考えられるが，その理由を中学校での体験や高校生活をイメージして述べる
八王子市	八王子東	⑵300 ⑶500	60	☆⑴資料１～３を見て，資料１・２の課題解決は，SDGsの「安全な水とトイレを世界中に」以外でどの目標と密接に関係するかを記号で選ぶ　⑵⑴で選んだ目標が密接に関係する具体的な理由と，解決に向けての自分の関わりを述べる　⑶対談の内容にふれながら，「『知る』と『わかる』の違い」についての主張の説明として具体例を示しながら述べる　☆⑴資料１～３を参考にＨ市の現状や課題を要約し，「Ｈ市をよりよい町にするにはどうするか，あなたが市長ならどのような政策を実施するか」を考え説明する　⑵課題文Ａ・Ｂを読み，それぞれの内容にふれながら，学ぶことについて考えたことを述べる　☆⑴2004年以降の訪日外国人数の推移表を見て，全般的な動向や顕著な特徴について，資料１と資料２に示されていることとの関連にふれながら説明する　⑵課題文Ａ『自分力を高める（今北純一）』と課題文Ｂ『12歳からの現代思想（岡本裕一朗）』を読み，それぞれの内容にふれながら，「他者と関わるうえで大切なこと」について，考えたことを述べる　☆⑴課題文を読み，物体の重さや物体が受ける空気抵抗の大きさを考えて，図１～４の観察結果について述べ，空気中での物体の落下の違いとそれが生じる理由を書く　⑵課題文Ａ・Ｂを読み，「外国語の学習」について考えたことを書く
	富士森	600	50	●高校生活を送るうえで最も大切だと思うものを，「協調性」「責任感」「積極性」「物事を継続する力」から１つ選び，自分の経験をふまえて，その理由を述べる　●中学校で学んだ９教科の中から，学ぶ魅力を感じるようになった教科を１つ選び，理由を具体的に書く　●入学後，教科の学習以外で特に取り組みたい活動を１つあげ，その活動と教科の学習の両立を図るために高校生活をどのように工夫するのかを理由を含めて述べる　●中学校生活で最も印象に残った体験を１つあげ，そこから学んだことと，高校生活でどう活かすかを具体的に書く
	片倉	500～600	50	●本校で一番力を入れてやりたいこととそのきっかけについて，具体的な体験をふまえて述べる　●「自分が他人や家族の役に立てたこと」について，具体的な体験と，今後どのように活かすか述べる　●中学校と高校の違いは何か，また，それをふまえ入学後どのような高校生活を送ろうと考えているか　●学習と部活動や委員会活動を両立させるために，どのように高校生活を送ればよいか

地　区	学　校　名	文字数	時間(分)	作文・小論文の出題課題
八王子市	八　王　子　北	600〜660	50	●「失敗から成長することができた経験」について，自分のした失敗を1つあげ，同じ失敗を繰り返さないためにした工夫・努力，そこから何を学び，成長できたか，その経験をこれからどのように活かすかを含めて作文する　●これまで獲得してきたこと・能力を1つ取り上げ，それについて述べる　●これまで「楽しい」と感じたことと「不愉快」と感じたことについて書く　●これまでの日常生活の中でどうしても必要だと思うものと無い方がよいと思うものについて，そう思った理由を書く
	松　が　谷	500〜600	50	●高校での目標を，学習面とその他の面，それぞれの方向から具体的に述べる　●中学校で受けた授業の中で，印象に残る内容を簡潔に具体的に述べ，その授業がなぜ記憶に残ったのか理由を説明し，さらに，その後の自分の生活の中でどう役立っているかを書く　●入学後，さまざまな場面で心に花の種が植えられるが，その種から美しい花を咲かせるために，どのような高校生活を送ろうと考えるか，「真の学び」という観点から具体的に述べる　●高校生活で継続していこうと考えていることを具体的にあげ，それをやり遂げるために高校生活をどのように計画していこうと考えているか述べる
	翔　陽	500〜600	50	●グローバル化の中で，日本人として学び，身につけるべき力とは何か，また，そのために本校でどのような活動を行うか，知識や経験をふまえて具体的に述べる　●将来，他者とともに生きていくためにはどのような力が必要か，また，その力を身につけるために高校生活をどのように過ごすか，新聞・テレビ等で知ったことや経験をふまえて具体的に述べる　●「失敗から学んだこと」は何か，具体的な体験をあげ，それを高校生活でどのように活かしていきたいか述べる　●「文化の異なる人々」と共に生きるうえで大切なことは何か，また，それを身につけるために高校生活をどのように過ごすか，具体的な例や経験をあげながら述べる
	八　王　子　桑　志	540〜600	50	●目標を決め，その達成に向けて挫折せずに進んでいくにはどのような工夫が必要か，中学校時代の具体的な体験をふまえて述べる　●中学校入学時と現在を比較し，成長したと考えられる点とその要因を，中学校時代の具体的体験を交えながら書く　●「人を動かすこと」について，中学校時代の具体的な体験を交えながら考えを述べる　●「責任を果たす」ことについて，中学校時代の具体的な体験を交えながら考えを書く
立川市	立　川	(1) 300〜360	50	☆(1)『競争社会の歩き方(大竹文雄)』を読み，「教育のあり方を見直した方がいいかもしれない」と筆者が述べる理由を説明し，これからの「教育」はどうあるべきか自分の経験をふまえ，「授業」という観点から自分の考えを述べる　(2)資料からわかる，日本のキャッシュレス決済の現状について述べる　(3)キャッシュレス社会を推進するにはどうしたらよいか，考えを述べる　☆(1)『知の体力(永田和宏)』を読み，文章中の「言葉のデジタル性」について説明したうえで，人はどのような点に注意してコミュニケーションをとるのがよいと考えるか，文章の内容をふまえて書く　(2)図を読み取り，わが国における自動車の燃費規制と，そこから考えられることを述べる　☆(1)『知の進化論(野口悠紀雄)』を読み，「知識の価値」はこれからどうなっていくと思うか，文章の内容をふまえて書く　(2)ある市役所で，市民の環境に対する意識啓発のため，環境問題に積極的に取り組むための方法を考えることになったが，定められた【課題】と【条件】に対し，【資料】をもとにどのような提案をするかを書く　☆課題文を読み，(1)筆者の言う「イメージ」とはどういうものかを簡潔に説明し，それについて意見を述べる　(2)文中の測定器具を用い，北海道奥尻島と本校で北極星を観測したときの測定角度の結果から，地球の全周囲のおよその長さを求める　(3)経度が同じで南北の位置にある2地点で，その距離がわかっているならば，北極星以外の星を選んでも同じような実験が可能かどうか，可能ならば条件と理由を，不可能ならばその理由を説明する

地 区	学 校 名	文字数	時間(分)	作文・小論文の出題課題
武蔵野市	武 蔵 野 北	600	50	●「サザエさん」で描かれる時代の，現代とは異なる風潮をあげ，思うことを書く　●絵画「パンドラの箱」を見て，その絵が何を表しているか思うことを述べる　●中学校生活を漢字一文字で表すとしたら何か，理由やその思いを高校生活にどう活かしていくかをふくめ，具体的に述べる　●人類がこれまでに作り出したものの中で，最も優れたものは何だと思うか
青 梅 市	多 摩	600～800	50	●男：今まで努力してきたこと，なぜ努力が必要なのか，また，その経験を高校生活でどう活かすか　女：「成功」「失敗」の体験を高校生活でどう活かすか　●男：これまで行ってきた「宿題」についての体験を述べ，入学後に行う「家庭学習」についての決意や考えを書く　女：これまで行ってきた「検定試験や資格の取得」についての体験を述べ，入学後に行う「家庭学習」についての決意や考えを書く　●男：「学校」が地域の信頼を得るためにはどうしたらよいか，また，そのために高校3年間，どのような学校生活を送りたいか具体的に書く　女：「あなた」が地域の信頼を得るためにはどうしたらよいか，また，そのために高校3年間，どのような学校生活を送りたいか具体的に書く　●男：高校卒業後，どのような進路に進むことを希望するか，また，そのためにどのような高校生活を送ろうと考えているかを具体的に書く　女：高校を卒業するときにどのような人間に成長していたいか，また，そのためにどのような高校生活を送ろうと考えているか，具体的に書く
	青 梅 総 合	540～600	50	●「新しいことに挑戦し続ける力」を身につけるために高校生活の中で何にどのように取り組むか　●社会人になったとき，どのようなことを「開拓」していきたいか，また，そのために高校でどのような取り組みをするか，中学校生活での経験をふまえ，具体的に述べる　●社会人になったとき，どのようなことで社会に「貢献」していきたいか，そのために高校でどのような取り組みをするか，中学校生活での経験をふまえ具体的に述べる　●入学後，何を「創造」したいか，また「創造」とはどのようなことか
府 中 市	府 中	720～800	50	●「人生は楽ではない。そこが面白い」という武者小路実篤の言葉について，どう考えるか述べる　●「努力した者が成功するとは限らない，しかし，成功する者は皆努力している」という言葉について，どのように考えるか，自分の体験をふまえて述べる　●「勉強をして本を読むだけでは賢くなれはしない，さまざまな体験をすることによって人は賢くなる」というニーチェの言葉について，どう考えるかを自分の体験をふまえて述べる　●「成功と失敗の一番の違いは，途中であきらめるかどうか」というスティーブ・ジョブズの言葉について，どう考えるかを自分の体験をふまえて述べる
	府 中 東	600	50	●「授業と家庭学習」について，自分の体験にふれながら考えを述べる　●「自主性」について自分の考えを述べる　●「共に生きる」という題で，自分の体験にふれながら述べる　●「伝える」
	府 中 西	560～600	50	●SNSやスマートフォン等を利用することで起こる問題と，その解決策あるいは自分が巻き込まれないようにするにはどうするか具体的に書く　●集団生活を過ごすうえで意見がぶつかることもあるかもしれないが，そのようなときお互いが納得して尊重し合うために，重要なことは何か，今までの経験をふまえて具体的に述べる　●教養と知識に関する文章を読み，自分にとっての教養とは何かを述べ，それを深めるために高校生活でどのようなことにチャレンジするのかを具体的に述べる　●科学技術の進歩によって，大きな力を必要とする作業の多くが機械化されたほか，人工知能の研究が進み，「考えること」まで機械が人間をしのぐようになったという現実をふまえ，高校3年間でどのような力を身につけたいか，その力が必要な理由も含めて書く

地　区	学校名	文字数	時間(分)	作文・小論文の出題課題
府中市	府中工業	400～600	50	●中学校生活で努力して取り組んだことは何か，それを通して得たことを含めて具体的に書く　●中学校生活で積極的に取り組んだことは何か，内容や心がけたことなどを具体的に書く　●中学校生活で本気で取り組んだことを，具体的な内容ややり方，心がけたことを含めて書く
	農業	500～600	50	●第一志望学科の学習を通して，どのような力を身につけたいか，また，そのためにどのような努力をするか書いたうえで，身につけた力を卒業後どう活かすか具体的に述べる　●志望理由，将来の夢，その夢をかなえるために高校ではどのようなことに取り組んでいきたいか，考えを書く　●「志望理由」「本校でどのような力を身につけるために，どのような学校生活を送るか」「本校で身につけた力を将来の進路にどのように活かすか」について具体的に述べる　●(1)志望理由　(2)本校でどのような力を身につけたいか，そのためにどのような努力をするか　(3)本校で学んだことや身につけた力を活かし，卒業後はどのような進路を考えているか
昭島市	昭和	(1)300 (2)300	50	☆(1)東京都のA市とB市の「地域経済循環図」を見て，「雇用者所得」と「民間消費額」を比較し，A市とB市がどのような地域と推察できるか根拠とともに述べる　(2)2つの地域の事例を読み，「地域経済をうまく循環させる」という観点から，2つの地域に共通する問題点と改善策を述べる　☆(1)資料1・2を比較して読み取れることをまとめる　(2)資料1・2をもとに，言葉について考えることを述べる　☆『人はなぜ集団になると怠けるのか(釘原直樹)』を読み，学校においてリーダーはどのように集団をまとめていくべきだと考えるか，具体的な例をあげながら述べる　●3つの表を見て，(1)日本の高校生の特徴について読み取れることをまとめる　(2)(1)をふまえ，どのような高校生活を送りたいか
	拝島	540～600	50	●「達成感」を味わった経験を1つあげ，それをふまえて高校生活で取り組みたいことを具体的に書く　●「学ぶ楽しさ」について，体験や経験を交えながら書く　●高校卒業後の進路を決定していくうえで，過去の経験をもとに自分自身の課題を1つあげ，解決に向けて高校3年間でどのような努力をしていくかを具体的に述べる　●「前にふみ出す力」を身につけるため，どのような高校生活を過ごすか，「あきらめずに，ねばり強く取り組んだ」経験をあげて書く
調布市	調布北	(1) 50 (2) 50 (3) 350～400	50	●『「わかる」とは何か(長尾真)』を読み，(1)文中の「それ以前の技術」を説明する　(2)文中の「きわだった特色」を説明する　(3)筆者は「科学技術」について「人類の責任は重大である」と述べているが，それに対し自分の意見を述べる　●「正解のない問題について考える」というテーマの課題文を読み，(1)「マニュアル力」の長所と短所を，本文の語句を用いて書く　(2)「考える力」とはどのような能力か説明する　(3)「正解がない」ということについて，具体例をあげながら自分の考えを述べる　●「真の発見の旅とは，新しい景色を探すことではない，新しい目を持つことなのだ」という言葉について，具体的な例をあげ，考えを述べる　●「地球は先祖から受け継いでいるのではない，子供たちから借りたものだ」という言葉について，体験したことを例にあげ，自分の考えを書く
	神代	500～600	50	●人と接するときに心がけていることを理由を含めて書いたうえで，高校生活で新たに心がけたいことを理由とともに述べる　●中学校生活の中でうまくいかないことがあったとき，どのように克服したか，具体的な経験をふまえて書き，また，それを高校生活でどう活かしていくか，学習面とそれ以外の面に分けて述べる　●本校で，学校行事や部活動等の活動と毎日の学習活動を両立させ，充実した学校生活を送るためには学習面でどんな努力をしたらよいか，中学校における学習面での努力の経験と，将来の進路希望にもふれながら，具体的に述べる　●中学校生活の中で体験した予想外のできごとと，そこから学んだことを具体的に書く

地区	学校名	文字数	時間(分)	作文・小論文の出題課題
調布市	調布南	(2)100 (3)400	50	☆内閣府「満足度，生活の質に関する調査」の図表や文を読み，(1)調査結果をグラフ化したもの２つのうち，調査結果を適切に表しているものを選ぶ　(2)ボランティア活動をしている人としていない人の総合主観満足度のグラフからボランティア活動が総合主観満足度に与える影響を説明する　(3)(2)をふまえ，高校生として取り組んでいきたいことをこれまでの体験を含めて説明する　☆(1)再生可能なエネルギーについて具体的なものを３つあげ，環境問題への関心が高まり，再生可能エネルギーの開発や導入拡大の取り組みが加速している理由を述べる　(2)2050年の日本について，表を参考にして国内で確保できる一次エネルギーの自給率とその構成を予測し，その理由も述べる　(3)エネルギー消費に伴う現在の日本の課題についてあなたができることを，「枯渇性エネルギー」「安定供給」「工夫」をすべて使って，具体的に説明する　☆新聞記事を読み，(1)「小石」が象徴している内容を説明する　(2)筆者の主張をふまえ，「７たす５は11」についてのあなたの考えを，具体例をあげて述べる　☆新聞の社説を読み，(1)筆者の主張をまとめる　(2)筆者の主張をふまえ，自分の考えを述べる
町田市	町田	(1)150 (2)400	60	☆『大人になるっておもしろい？(清水真砂子)』を読み，(1)筆者の「自信」についての考えをまとめる　(2)筆者の考えに対して，自分の「自信」についての考えを経験や見聞をもとに述べる　☆「自然と調和した暮らし方とは(アレックス・カー)」を読み，(1)外国人における古民家再生のプロジェクトについての文章を要約する　(2)本文の内容をふまえ，「自然との共生」について体験や見聞を交えて述べる　☆文章Ａ『ディベートが苦手，だから日本人はすごい(榎本博明)』と文章Ｂ『「過剰反応」社会の悪夢(榎本博明)』を読み，(1)文章Ａ・Ｂの内容を要約する　(2)問題文から課題を見出し，体験等を交えて解決方法をまとめる　☆文章を読み，(1)筆者の主張をまとめる　(2)筆者の主張をふまえ，コミュニケーションについて具体例をあげ，自分の考えを述べる
	成瀬	(1) 200 (2) 500～600	50	☆「気配りと頭配り」について書かれた文章を読み，(1)要約する　(2)筆者の意見をふまえて，「気配りと頭配りのバランスをうまくとること」について考えを書く　☆「AI」について書かれた文章を読み，(1)要約する　(2)文章の内容をふまえ，「これからの社会で，どのように人とうまくコミュニケーションをとって生活していったらよいか」について，具体例を入れて自分の考えを書く　☆「情報収集」について書かれた文章を読み，(1)要約する　(2)文章の内容をふまえて，「調べ学習をする場合にどのように情報収集したらよいか」について，自分の体験にふれながら書く　☆「美しい日本語」について書かれた文章を読み，(1)要約する　(2)文章の内容をふまえ，自分が残したい「美しい日本語」とはどのようなものかを述べる
	野津田	500～600	50	●自分自身の「可能性」を引き出すために，どのような高校生活を送ろうと考えているか，「２年後の私」というテーマで具体的に述べる　●高校生活で一番力を入れて取り組みたいことは何か，また，それが将来自分にとってどのようにつながっていくのかを述べる　●中学校生活で継続して取り組んできたことを書き，その取り組みから学んだことやそれを高校生活でどう活かしていくかを具体的に述べる　●中学校生活で学んだことは何か，また，それを高校生活でどう活かすか
	小川	600	50	●「チャレンジ」の意味を理解したうえで，自らの体験を１つあげ，その体験から得たことを述べ，その体験から得たことを高校での「チャレンジ」でどう発揮できるか書く　●「やり抜く力」について自らの体験をあげ，それをふまえてどのような高校生になりたいか書く　●「自分を変えた出会い」について，自分の体験をあげ，それをふまえたうえでどのような高校生になりたいか述べる　●「人の役に立てたこと」について，自分の体験をあげ，それを今後どう活かすか

地　区	学 校 名	文字数	時間（分）	作文・小論文の出題課題
町田市	山　崎	540～600	50	●高校生活で大切にしたいことを，中学校での具体的な経験をふまえて書く　●「夢を実現させるために」というテーマで作文を書く　●クラスに来た留学生に，現在あなたが暮らしている町や地域で紹介したい場所はどこかを述べる　●本校の生徒として，充実した高校生活を送るには何が大切だと考えるか
	町田総合	540～600	50	●課題文を読み，将来どのような人になりたいか，また，それを実現させるために入学後どんなことに取り組むか，具体的に述べる　●「努力は人を裏切らない」という言葉があるが，今まで努力してきたことを具体的にあげ，その経験を入学後どのように活かしたいか述べる　●入学後，どのようなことを学び，経験していくことで「前にふみ出す力」を身につけていくか述べる　●これまでに特に力を入れて取り組んできたこと，そこから学んだことを高校生活でどう活かすか
小金井市	小金井北	(1) 40～60 (2) 500	50	☆(1)文章を読み，筆者は「コミュニケーション疎外語」を用いることでどのような問題が生じると述べているか書く　(2)コミュニケーションをとるために大切なことを具体的に1つあげ，理由とともに書く　☆プラスチック汚染に関する国際機関のレポートや日本沿岸に漂着した人工物の構成を表すグラフ等の資料をもとに，今日のプラスチック汚染の問題を簡潔に述べ，その解決策についての考えを書く　☆男女共同参画社会に関する世論調査等の資料をもとに，日本における男女共同参画社会の現状について述べ，日本において男女共同参画社会を実現するために必要なことについて考えを述べる　☆文章とグラフを見て，そこから読み取れる事柄を簡潔に述べ，また，日本に暮らす私たちがこれから取り組むべきことなどについて，自分の考えを書く
小平市	小　平	600	50	☆資料をもとに，日本人のボランティア活動の経験と参加について読み取れることを書き，それをふまえ，日本においてボランティア活動に参加する人を増やすにはどうしたらよいか具体例を含めて述べる　☆日本・米国・中国の高校生を対象に行った「人生目標」に関する調査の資料1・2から，日本人高校生の意識の変化および3か国の意識の違いを比較し，読み取れることを記述したうえで，あなたの将来の目標を述べ，その目標に向けて高校生として実践したいことを具体的にあげながら説明する　☆中学生のインターネットの利用状況に関する調査で「ネット利用のメリット」についてのデータ資料を読み，ネット利用は主体的な学習に役立つか，データの内容にふれながら，自分の体験を交えて述べる　☆課題文を読み，「本校の期待する生徒の姿」の中にある，「日本の伝統と文化を理解し，世界に目を向けられる生徒」を目指し，高校生活を通じてどのような力を身につけようと考えるか述べる
	小平西	500～600	50	●中学校での経験を振り返り，集団生活を送るうえで大切なことは何かを書き，そのことを活かして高校でどのように取り組むかを述べる　●中学校時代，特に力を入れて取り組んだことを1つあげ，そこから得たことを書き，また，それを活かして本校で挑戦してみたいことを具体的に述べる　●中学校での経験を振り返り，さまざまな授業で学んだことについて，さらに理解を深めたいと思ったことを書き，その経験をさらに伸ばし深めていくために，高校でどのように学んでいくかを具体的に述べる　●(1)職場見学に班別行動で参加することになったが，みんなのワークシートを預かっている班長のあなたが遅刻することでどのようなことが起きるか　(2)そのうえで，あなたはどのような行動をとるべきか，理由がわかるように書く

地　区	学　校　名	文字数	時間（分）	作文・小論文の出題課題
小平市	小平南	600	50	●人や物事の性質を表すとき,「～性」という言葉を使うが,充実した高校生活を送るために必要な「～性」を中学校時代の経験をもとに考え,その理由を具体的に書く　●2022年より18歳からが成人となり,高校生活３年間の過ごし方が大切になっていくが,あなたが考える「成人」とはどのような人かを理由とともに示しつつ,高校生活をどのように過ごしていくかを具体的に書く　●現代の10代半ばくらいの人たちを言い表すなら,どのように表現するか,一行目に「○○世代」と書き,二行目から,その言葉を選んだ理由と,その世代の特徴を将来どのように活かせるかについて考えたことや思ったことをまとめる　●日常生活の中で気づいた「あいまい言葉」もしくはあなたが「あいまい言葉」だと思う具体例とそれが用いられる場面を述べ,また,そうした言葉づかいをする人の気持ちと,そうした言葉を言われた人の気持ちも書く
日野市	日野台	650～800	50	●現代社会において問題だと考えること,また,その問題に取り組むにあたり学ぶべき過去のできごとやり方,そして,その問題に対する今後の取り組みについて述べる　●生活に関わる道具が熟練した職人の手で作られ,壊れたら修理や手入れをしながら長く使うという伝統や文化は衰退しつつあるが,「このような伝統や文化が衰退しつつある理由とその理由に対する考え」「生活に関わる道具についてのあなた自身の具体的な体験又は見聞」の２点をふまえて書く　●今後10～20年後に,機械や人工知能に代替されずに残っていると考えられる職業を１つあげ,理由を説明する　●地域社会をよりよくするために取り組むべき課題を具体的にあげ,それを解決するための方法を書く
	南平	500～600	50	●課題文を読み,「失敗から学んで,その後うまくいったこと」,または,「失敗から学んだと思えること」を具体的にあげ,その経験を学校生活にどのように活かしていくか述べる　●課題文を読み,「学ぶ」ということを通して,新しい自分を発見した経験を具体的にあげ,その経験を高校生活でどのように活かすか書く　●課題文を読み,柔軟な考えでお互いに助け合ったり,よいところを活かし合ったりした経験を具体的に書き,その経験を学校生活にどのように活かしていくか述べる　●江戸時代の暮らしについて紹介した文章を読み,「自立した個人」として高校生活でどのような成長を目指すか,具体的な場面を想定して書く
	日野	600	50	●「挑戦」について,自分の体験を例にあげながら書く　●「助け合い」について,自分の体験を例にあげながら書く　●「貢献」について,自分自身の体験をふまえて書く　●「そうぞう」について,適切な漢字を当てはめ,自分自身の体験をふまえて書く
東村山市	東村山	600	50	●友人から信頼される人とはどのような人か,また,信頼される人になるため,どのような高校生活を送りたいと思うか,自分の経験や体験を具体的にあげながら書く　●言葉づかいに気をつけなければならない理由を,自分の体験を例にあげて説明する　●「挨拶」にはどのような意味があると思うか
	東村山西	540～600	50	●ルールやマナーを守らないとどのような問題が生じるか,経験をふまえて書く,また,その問題を解決するために最も大切だと思うことを,「約束を守る」「相手のことを考えて行動する」「物を大切にする」「服装を整える」のうちから１つ選び,理由を説明する　●クラスをよくするという目的に最も適している行事を「運動会」「遠足・修学旅行」「合唱祭」から１つ選び,理由を述べるとともに,選んだ行事を通してクラスをよくするための工夫についても,今までの体験例を含めて書く　●中学校生活の中で,ほかの人と協力して貢献できたことを具体的に書き,その経験を入学後どう活かしていきたいか述べる　●将来の目標を実現するために,高校入学後にどのようなことに挑戦したいか

地　区	学　校　名	文字数	時間(分)	作文・小論文の出題課題
国分寺市	国　分　寺	(1)50 (2)200 (3)150	50	☆(1)『「宿命」を生きる若者たち　格差と幸福をつなぐもの(土井隆義)』を読み，本文に書かれた意見をまとめる　(2)(1)でまとめた意見に対し，どう向き合うか，考えを述べる　(3)北海道の高山帯における植物の分布に関する2つの資料をもとに，読み取れることをまとめる　☆(1)文章を読み，「文脈のなかで役割を担う」こと，また「文脈のよしあしを判断する」ことはどういうことか，それぞれ具体例をあげ，「大人になる」ために必要なことはどのようなことか，自分の考えを述べる　(2)2つのグラフ(「夏期及び冬期収穫のほうれん草のカロテン含有量」「ほうれん草のカロテンとクロロフィル含有量の関係」)から読み取れることと，そこから考えられるほうれん草を食材として用いるさいの望ましい消費行動を述べる　☆(1)『徒然草(兼好法師)』の現代語訳を読み，学習以外の行事や部活動など，複数のことを達成するには，どのような取り組みや考えが必要となるかを，要約とともに，筆者と異なる観点から考えを述べる　(2)「10代の主なメディアの平日の利用時間の推移」，「情報通信端末の世帯保有率の推移」の2つのグラフの変化の特徴・関連性を示し，これから社会で生活していくうえで注意すべきことを，情報を発信する立場・受信する立場，いずれかの立場で考えを述べる　☆(1)2つのグラフから読み取れる特徴をそれぞれ1つずつあげ，その変化の理由を述べ，その特徴をふまえたうえで，平成28年の増減率に大きな変動が予想される地方名をあげて，そのように考えた理由を述べる　(2)新聞記事を読み，「地域おこし協力隊」が地元の人々や自治体に期待されていることをまとめ，そのうえで「地域おこし」の成功のために必要なことは何か，自分の考えを述べる
国 立 市	国　　　立	(1) 6行程度 (2)～(4) 7行程度	60	☆(1)文章1『〈対話〉のない社会(中島義道)』と文章2『やさしさの精神病理(大平健)』を読み，筆者が考える「対話的な討論」とはどういうものか，「対話的でない討論」との違いがわかるように説明する　(2)文章2をもとに，現代の日本に文章1で筆者が言う「対話」が根づかない理由を述べる　(3)「詭弁を弄する」に関する数式や数学の考え方について，2×2が5に等しくなるという主張に至った過程の誤りの部分を指摘するとともに，正しいと錯覚してしまう理由を説明する　(4)販売単価に関する文章の中にある，平均に関する誤りを数式などを用いて説明する　☆(1)文章1『生きていく民俗生業の推移(宮本常一)』と文章2『歴史と出会う(網野善彦)』を読み，文章1の空欄に共通する適切な語句を考える　(2)文章2の文中「わが意を得た」とはどういうことか，文章1の内容と関連させ，また文章2の内容にある歴史観を盛り込み説明する　(3)大工道具の「さしがね」をテーマとし，丸太から取れる最大の角材の一片の長さを調べる方法を図示する　(4)提示された部品の作り方の図示とその数学的な根拠を説明する　☆(1)資料1と資料2を読み，市民全員が選挙に参加し，事前の調査通りに投票したと仮定すると，通常の多数決で当選するのはどの候補か答える　(2)この選挙が資料1に示すボルダルールで行われたとすれば，市長に選ばれるのはどの候補か，判断の根拠を示して答える　(3)ボルダルールは多数決の問題点に対処するために考案されたルールだが，資料1を読み，多数決の持つ問題点を説明する　(4)「風呂の排水の速さ」をテーマに，経過時間と排水の速さの関係を示したグラフと，水位と排水の速さを示したグラフをかく　(5)(4)でかいたグラフからわかったことや，気がついたことを述べる　☆(1)図1，2及びそれぞれの説明文を読み，組織1型のメリットとデメリットを述べる　(2)組織2型の集団の構成員が組織1型の集団へと異動した場合，他の構成員との間でどのような摩擦が起こりうるかを指摘し，それを解消するにはどのような方法が考えられるか意見を述べる　(3)植物の光合成に関する説明文を読み，「効率的な光合成ができるとは思えない」と考えられる理由を簡潔に述べる　(4)細胞の中の葉緑体の位置について見られる特徴を示し，それが「二酸化炭素が本当にこの通路を通っている証拠」になりうることを説明する

地区	学校名	文字数	時間(分)	作文・小論文の出題課題
国立市	第五商業	540〜600	50	●「人に譲るために座る」という課題文を読み，筆者の主張と提案をまとめ，それに対する意見を根拠を明確にし，これからどうしていくかを述べる　☆日本政府は2025年までに，キャッシュレス決済比率を40％まで高めるという目標を掲げているが，今後日本でキャッシュレス化を進めるためにはどのようなことが必要か，資料を見て考えを述べる　☆内閣府「平成25年度　我が国と諸外国の若者の意識に関する調査」から，資料１と資料２を読み，(1)資料からわかることを２つあげ，理由も含めて書く　(2)(1)で述べたことをふまえて，今後の自分の高校生活に必要な取り組みを考え，その理由を明らかにしながら答える　●これまでの学校生活で特に力を入れて取り組んだことと得られたことを述べたうえで，その経験を高校生活でどのように活かし，どのように将来につなげるかを書く
福生市	福生	600〜800	50	●環境問題に対し，高校生としてできることを書き，環境に配慮したうえで，科学技術の発展や生活の便利さを維持・向上させていくにはどうするか述べる　●「公共の場所」について，「どのような場所と考えるか」「どのように振る舞うことが大切だと考えるか」という２点について具体例を交えつつ述べる　●「平和」について考えを書き，高校生活を通して自分にもできる「平和」をつくりあげる取り組みを具体的に述べる　●中学校生活で活躍したことは何か，また，本校でどのように活躍したいか
	多摩工業	600	50	●中学校時代の目標と，それを達成するためにどのような努力をしたか，また，その努力の経験を学習面や部活動などでどのように活かしていくか書く　●将来の夢を理由も含めて述べ，また，その夢の実現のために本校で何を努力するか２つ述べる　●中学校で努力したことと，そこから得たものを書き，それを活かして本校で何に取り組みたいか述べる　●(1)中学校生活で積極的に取り組んできたことを具体的なエピソードをあげて書く　(2)本校で意欲的に取り組みたいことを１つあげ，理由も含めて書く
狛江市	狛江	500〜600	50	●海外研修旅行での現地交流はどのような意義があるか，また，その国際交流から学ぶことのできるものは何か，具体的な例をあげながら考えを述べる　●他者とのコミュニケーションに大切なものは何か，自分の体験など具体的な例をあげながら述べる　●自学自習はなぜ必要か，また，自学自習の力を高めるには何が必要か　●国際交流にさいしてどのようなことを大切にしなければならないと考えるかを，具体的な例をあげながら述べる
東大和市	東大和	(1)100 (2)500	50	●(1)1940年の東京オリンピックが中止となった理由について知っていることを書く　(2)東京2020大会の３つの基本コンセプトの中から１つ選び，高校生として「アクション＆レガシープラン」につなげられることを述べる　●『いきいきと生きよ(手塚富雄)』を読み，「過ちを犯すこと」についての考えを体験をふまえて書く　●「心の遠近法(外山滋比古)」を読み，「友人とのつき合い方」について思うことを自分の体験をふまえて書く　●江戸時代の儒学者である細井平洲の言葉に「学思行相須って良となす」があるが，この言葉について思うことを自分の体験をふまえて書く
	東大和南	540〜600	50	●「全国こども電話相談室」に関する新聞記事を読み，自分の考える「なぜ」ということについて具体的な例を示し，自分なりの「答え」を述べる　●新聞記事を読み，平成後の時代に大切にしたい価値観を１つ考え，その理由を具体的な例をあげながら述べる　●人工知能についての記事を読み，AIが進化してもなくならない職業には何があるか，具体例を１つあげてその理由を書き，AIが進化する社会の中で，どのように生きることが大切か述べる　●「言葉の力」とはどのようなものか

地区	学校名	文字数	時間（分）	作文・小論文の出題課題
清瀬市	清瀬	(1) 160～200 (2) 320～400	50	☆(1)図から読み取れる日本の若者の意識の特徴を他国と比較して述べる (2)(1)をふまえ，これからの時代を生きる若者にとって必要な力は何か述べる ☆(1)資料から１日の運動時間とスマートフォン利用の関係性について読み取れることを述べる (2)(1)をふまえ，自分の経験と改善点を記し，どのような高校生活を送っていきたいと考えるか書く ☆(1)資料「東日本大震災後の児童・生徒の震災後意識調査結果」について，東北と関東甲信越の違いを読み取り，その理由を述べる (2)「防災に関する世論調査」の結果から，大きな地震に対して自分ができる「備え」を具体的に１つあげてまとめる ☆(1)「和食に関する調査」について，グラフを比較し，世界に「和食」を広めるための課題として読み取れることをまとめる (2)日本を訪れる外国人の若者に「和食」の家庭料理を楽しんでもらうとき，どのようなメニューでどのような「和」のおもてなしをしたらよいか，自分の体験をもとにまとめる
東久留米市	久留米西	600	50	●中学校生活で直面した課題をどのように解決したかを書き，その経験を高校生活でどのように活かしていきたいか，それぞれ具体的な例をあげて述べる ●中学校生活で最も力を入れて取り組み，自分の成長に役立ったことは何か，また，それを高校生活でどのように活かしていきたいか，具体的な例をあげて述べる ●中学校生活で困難なことがあったとき，どのように乗り越えたか，また，その経験から学んだことを高校生活でどのように活かすか，具体的な例をあげて述べる ●中学校生活でどのような課題に直面し，解決に向けてどのように取り組んだか，また，その経験を高校生活でどう活かすか
	東久留米総合	480～600	50	●25歳の自分の将来像を明確にするために，入学後どのようなことにチャレンジしようと思うか，本校の特色にふれながら，チャレンジしたいことを２つあげ，その理由を明確にして具体的に述べる ●2020年東京オリンピック・パラリンピックは世界中に発信されるが，あなたが発信者の一人として伝えたい日本の文化は何か，また，外国の方にそれを伝えるために高校在学中どのような努力をするか述べる ●地球という限られた環境でさまざまな考えを持った人々が暮らすさい，どのようなことが課題になるかを，「異文化」「平和」という言葉を用いて書き，その課題を解決するために，高校でどのような勉強をしたいかを述べる ●考え方や意見が違う人々とよりよく生きるために，自分自身にどのような努力が必要かを「思いやり」という言葉を用いて書き，そのために，高校入学後どのように将来に備えた準備をしたいか述べる
武蔵村山市	武蔵村山	550～600	50	●中学校時代に一生懸命取り組んだことと，そこから学んだこと ●本校の特色や魅力をふまえ，志望理由を書く ●将来の目標は何か，また，それを実現するために高校生活でどのような取り組みをしていくか，具体的に書く ●中学校生活で一生懸命取り組んだことと，それを高校生活でどう活かすか
	上水	600	50	●本校行事の「アメリカンサマーキャンプ」で出会うアメリカ人の大学生に日本のよいところを２つ紹介し，それぞれの理由も含めて説明する ●本校の生徒であると仮定し，どの委員・係をやりたいかを，理由と，このような学校やクラスにしたいという展望も含めて説明する ●「私は制服をこのような意識で着用したい」というテーマで，あなたが最も意識することを１つあげ，その理由と，それに関係する体験をふまえながら考えを述べる ●リオオリンピックから学んだこと，学ぶべきだと思ったことを３つあげ，自分の考えをまとめる
多摩市	永山	500～600	40	●大切にしている言葉 ●大規模な地震が発生したときに自分が取るべき行動と，周囲の人と協力して取るべき行動は何か，また，それらをふまえ，どんな避難訓練を実施するのが有効か具体的に書く ●電車やバスの中でのマナーとモラルの低下について考えられる事例を具体的にあげ，意見を述べる ●中学校３年間で身につけたことと，それを本校でどう活かすか

地　区	学 校 名	文字数	時間(分)	作文・小論文の出題課題
稲城市	若葉総合	600	50	●進路の目標を決めるため，本校でどのように学習していきたいか，本校の人間探究系列・伝統継承系列・芸術表現系列・情報交流系列の中から，少なくとも1つと関連させて述べる　●高校生にとって本を読むことはなぜ大切か，これまでの経験をふまえ，本校での学びに関連させて書く　●入学後，「読む」「書く」「聴く」「話す」のどの面に最も力を注いで言語能力を向上させようと思っているか，これまで重視してきた面を1つあげ，今後どのように行動していきたいと考えるか述べる　●(1)2020年にどのような人になっていたいか　(2)オリンピック・パラリンピックで自分が貢献できることは何か　(3)そのために本校で3年間何をしたいか
羽村市	羽村	600	50	●なぜ勉強は必要か，また，その理由をふまえてどのような高校生活を送ろうと考えるか述べる　●「10年後に実現したいこと」についてできる限り詳しく書き，また，その実現に向けて具体的に高校生活をどう送ろうと考えるか述べる　●将来の夢を，実現するためにどのようなことが必要であるかに必ずふれて述べる　●人と協力して何かを行うとき，大切だと思うことを具体的な場面をあげて述べる
あきる野市	秋留台	600	50	☆文章を読み，感じたことや考えたことを，今までの体験や身近な例をあげながら「勉強」「成長」「発見」の3つの語句をすべて使って書く　☆文章を読み，感じたことや考えたことを，今までの体験や身近な例をあげながら「感情」「経験」「相手」の3つの語句をすべて使って書く　☆文章を読み，感じたことや考えたことを，今までの体験や身近な例をあげながら「友達」「環境」「充実」の3つの語句をすべて使って書く
	五日市	500～600	50	●地域に貢献してみたいことを1つ書き，「自分の性格や人柄，特技，経験などをどのように役立てられるか」についても述べ，その地域貢献が自分自身にどのようなよい影響や変化・成長を与えてくれそうかを具体的に説明する　●主要5教科の中で，最も興味がある科目を1つあげてその理由を具体的に説明し，また，最も苦手意識が強い教科も1つ書き，高校ではどのように取り組んでいこうと考えているかを詳しく述べる　●地震が発生したとき，あなたがほかの避難者を支援するためにできることを2つあげ，具体的にどういう支援をするか，理由も含めて述べる　●ゴミの減量のためにできることを，身近な例をあげて述べる
西東京市	保谷	600～800	50	●入学後何を学び，どのようなことを身につけたいか具体的に述べる　●本校では「文武両道」を求めているが，なぜそれが求められるのか，大学受験科目以外も勉強しなければならないのか，また，入学後どのように勉強に取り組む覚悟があるか，中学校時代の経験をふまえて具体的に述べる　●中学校3年間の学習の取り組みを振り返り，よかった点，改善したい点をそれぞれまとめ，それをふまえ，高校での学習計画を具体的に述べる　●「人から教えられること」と「自分で学ぶこと」の関わりを，自分の経験もふまえて書く
	田無	540～600	50	●オリンピック・パラリンピックの開催地決定権を持つとして，「治安・警備」「交通・輸送」「環境・気象」「世論の支持」のうち最も重要だと思う条件を1つ選び，考えを述べる　●「校内で事故が増えているので，廊下や階段は右側通行の規則をつくりたい，また今後安全・快適な学校生活のためにさまざまな規則をつくるつもりなので，気づいたことを知らせてください」という提案について，考えたことを述べる　●世界各国でつくられているさまざまな「ご当地寿司」について，考えたことを述べる　●留学生に日本文化を体験してもらい，日本に対する理解を深めてもらうことを目標としたイベントをクラスごとに準備する場合，どのようなイベントを実施するか，実施方法を含めて具体的に説明する
	田無工業	400～600	40	●将来どのようにものづくりに関わっていきたいか，また，そのために高校生活をどう送りたいか書く　●中学校の技術・家庭科の授業で製作したものについて書く　●中学校の授業や家庭において「自分の手で何かをつくった経験」を書く　●本校の規則に「登下校時も学校指定の制服を着用すること」とあるが，これについて自分の考えと理由を述べる

地　区	学 校 名	文字数	時間(分)	作文・小論文の出題課題
瑞穂町	瑞　穂　農　芸	540〜600	50	●志望理由と，志望学科で何を学び，どう将来に活かすか具体的に書く　●志望理由と，志望学科でどのような知識や技術を身につけ，自分の「夢を叶える」か具体的に書く　●「志望する学科で学びたい理由」「高校生活の中で，どのように生命について学びたいか」「将来どのように夢を叶えていくか」に関して，具体的に述べる
大島町	大島海洋国際	400〜600	50	●高校生活で力を入れたいことは何か，卒業後もふまえて自分の考えを書く　●今後の高校生活で求められる「優れたコミュニケーション能力」とはどのようなものか，目標や心構えも含めて書く　●「誠実」とはどのようなものと考えるか，また，その「誠実」を今後の高校生活にどう活かすか　●学校生活において，「自主・自律」の精神は大切なことの１つだが，あなたはどう考えるか

千葉県公立高校　課題作文・小論文実施校調査

1)前期選抜，後期選抜で作文・小論文などを実施した千葉県公立高校に対して行ったアンケート調査の結果を，受験生への聞き取り調査で補ったものです。2)文字数，時間は原則2020年度のもの，出題課題は2017～2020年度のものです。最新年度のようすは弊社毎年10月発行『合格資料集』に掲載されておりますのでご覧ください。3)編集の都合上，出題課題の表現を変えたところがあります。4)無断転載を禁じます。

学区	学校名	文字数	時間(分)	作文・小論文の出題課題
第1学区	千葉	600～800	60	●日本を初めて訪れた人に，日本を知ってもらうため何を紹介したいと思うか，理由を含めて書く　●内閣府の調査(現在の社会に満足しているか)の結果を見て，どう思うか，また，それをふまえどのような人生を歩みたいと考えるか述べる　●「共生社会」の実現には何が必要か，また，自分自身が「共生社会」の一員としてどのように社会と関わっていきたいか述べる　●インターネットの問題点と，どのようにインターネットを活用すればよりよい未来が築けるか
	千葉東	600～800	60	●プラスチックごみの問題に取り組む必要性を考え，1つの高校としてできること，またその中で自分ができることは何か述べる　●外国人旅行者や外国人労働者の増加に伴い，国内でも外国語を使う機会が増えている中で，「異なる言語の人とコミュニケーションをとる」ということについて，資料をふまえて考えを述べる　●資料を参考に，将来，家庭や職場にロボットやAIが普及していったとき，私たちの働き方や生活はどう変わっていくか述べる　●日本におけるグローバル化について自分の考えを書く
	検見川	500～600	50	●高校生活を漢字一字で表し，理由も含めて述べる　●中学校生活で取り組んだことと，高校生活で挑戦したいこと　●本校で頑張りたいこと　●コミュニケーション能力を高めるために，高校でどのようなことをするか
	泉	500～600	50	●中学校生活でやっておけばよかったと思うこと，本校でやりぬきたいこと　●自分の夢に近づくために，高校生活で身につけたいこと　●将来の夢と，それを実現するにはどうすればよいか　●将来どのような大人になりたいか，また，高校生活で挑戦したいこと
	柏井	600～800	50	〔自己表現〕●中学校生活での目標と，それをどのように達成したか，また，高校生活での目標と，それを達成するためにどのような努力をするか　●中学校生活で学んだことを2つあげ，本校でどのような力を身につけ，どのような高校生活を送りたいか　●中学校と高校の違いをいくつか述べ，それをふまえてどのような高校生活を送りたいか　●中学校生活で，失敗から学んだことと，それを高校生活にどのように活かすか
	犢橋	400～600	50	〔自己表現〕●自分の長所と，それを高校生活でどのように活かすか　●将来の夢と，それを実現するために高校入学後に頑張りたいこと　●中学校生活で頑張ったことと，それを高校生活でどのように活かすか　●実現したい夢と，そのために高校生活で努力したいこと
	市立千葉	500～600	50	〔小論文〕●海洋プラスチックごみによる地球規模の環境汚染に関して，資料から読み取ったこと，汚染による具体的な影響，国・地方公共団体・自分ができることについて述べる　●2020年の東京オリンピックに向けた訪日外国人旅行者を増やすための方策について，資料を参考に課題を2つ設定し，解決策を述べる　●日本における救急車の搬送状況に関する4つの資料から読み取れることを示し，自分の考えを述べる　●農業に関する3つの資料から読み取れることを示し，自分の考えを述べる
第2学区	船橋古和釜	300～400	30	●良好な人間関係を築くために心がけていること　●将来の夢は何か，また，それを実現するために本校でどのような高校生活を送りたいか　●地域連携アクティブスクールを選んだ理由を，中学校生活と結びつけて述べる　●学習面，生活面で学び直したいこと
	国府台	500～600	50	●挑戦することの大切さについて　●高校生の自分に期待すること　●充実した高校生活を送るために　●本校での自分の目標

学区	学校名	文字数	時間(分)	作文・小論文の出題課題
第2学区	市川南	400	30	〔自己表現〕●高校生活をどのように過ごしたいか　●私の宝物(大切にしている物・言葉・思い出など)　●中学校生活で得たものを自分の体験をふまえて述べる　●高校入学後，ぜひやってみたいこと
	小金	500〜700	50	●本校を志願した理由を，将来と関連づけて述べる　●本校の総合学科をどのように理解し，それを自身の将来にどう結びつけていきたいか　●総合学科を志望した理由と，将来の夢を関連づけて述べる
	松戸馬橋	600	50	〔自己表現〕●３年後の自分の姿を想像し，それに向けて高校生活で頑張りたいこと　●将来の目標は何か，それを実現するために高校生活でどのような努力をするか
	市立松戸(普通科)	700〜800	50	〔自己表現〕●高校卒業時，どんな自分になっていたいか，また，そのために高校生活をどのように過ごすか　●高校卒業後，社会に出て行くうえで必要となる力とはどのような力か，また，それを身につけるためにどのような高校生活を送りたいか　●自立した人とはどのようなことか，それをふまえてどのような高校生活を送りたいか　●将来の夢(目標)と，それに向けてどのような高校生活を送りたいか
	市立松戸(国際人文科)	700〜800	50	●世界の人々に伝えたい「日本の魅力」とは何か，理由も含めて述べる　●将来，海外で活躍するために必要な力を３つあげ，理由とともに述べる　●グローバル化が進む現代社会において身につけたいこと，それをふまえてどのような高校生活を送りたいか　●東京オリンピック・パラリンピックにどのように関わりたいか，また，そのためにどのような高校生活を送りたいか
第3学区	鎌ヶ谷	450〜600	50	●理想の大人とはどのような人か，また，そうなるために本校でどのような力を身につけるか　●これからの時代を生きていくために必要な力　●勉強することの意味　●私の挑戦
	鎌ヶ谷西	400〜600	50	〔自己表現〕●思いやりについて　●「ルールを守ること」について　●責任感について　●目標を持って行動することについて
	東葛飾	500〜600	50	●共生について　●失敗に学ぶ　●多様性　●未来を生きぬく力
	柏陵	500〜600	60	〔自己表現〕●今までに努力したことと，それを高校生活でどう活かすか　●今までにあなたが周りに感謝したことと，それを高校生活でどのように活かすか　●今まで熱心に取り組んできたことと，それを高校生活でどう活かすか　●10年後の自分はどのようになっているか，また，そのためにどのような高校生活を送りたいか
	流山北	480〜520	50	●中学校生活で印象に残っていることと，高校で頑張りたいこと　●高校で頑張りたいことと，高校卒業後の進路について　●中学校生活で一番頑張ったことと，高校に入学したら頑張りたいこと　●高校で頑張りたいことと将来の夢
	関宿	400〜500	50	●詳細は不明
	我孫子	800	60	〔自己表現〕●理想とする10年後の自分の姿と，そのためにどのような高校生活を送るか　●18歳で成人を迎えることになるが，それをふまえてどのような高校生活を送りたいか　●今まで一番力を発揮できたのはどのようなときか，また，その経験を今後どのように活かすか　●今までに経験したボランティア活動の中で最も印象に残っていることと，そこから得たこと
	市立柏	600	50	〔自己表現〕●将来の夢と，それを実現するために高校生活で身につけたいこと　●将来どのような大人になりたいか，そのためにどのような高校生活を送りたいか　●将来の夢と，その実現のためにどのような高校生活を送りたいか
第5学区	佐原	500〜600	50	●将来目指しているものと，高校で何を学びたいか　●「自分で考えることの大切さ」について，自分の経験をふまえて書く　●夢の実現のためにどのような取り組みをしたいか，今活躍している人の例をあげて書く　●人工知能やロボットの技術の進歩によって，社会はどのように変わっていくか
	佐原白楊	600	50	●今までで一番感動した言葉とその理由　●好きな漢字を一字あげ，理由も含めて書く　●好きな季節とその理由　●自然と人間との良好な関係を保つためにはどのようにしたらよいか

学区	学校名	文字数	時間(分)	作文・小論文の出題課題
第5学区	多古	600	50	〔自己表現〕●自分の中学校について自慢できることを1つあげ，具体的に説明する　●将来の夢と，どのような高校生活を送りたいか　●中学校生活で頑張ったことと，それを高校生活でどのように活かすか
	匝瑳	480～600	50	●中学校時代に打ち込んだことと学んだこと，それを高校生活にどう活かすか　●10年後，自分がどうありたいか，そのためにどのような高校生活を送りたいか　●将来の夢と，それを実現するために高校では何をするか
	市立銚子	600～800	40	〔自己表現〕●自己ＰＲ　●「理数系への興味」「人文系への興味」「部活」「ボランティア」について
第7学区	長生	400～500	50	●「優しさ」とは　●中学校生活を漢字二字で表し，その理由を述べる　●高校生活にどのような「出会い」を期待するか，自分の体験をふまえて述べる　●心に残っている言葉と，それを高校生活にどのように活かすか
第9学区	天羽	600～800	50	●中学3年間で興味を持ったことと，頑張ったこと　●チームワークの大切さについてどう思うか

別冊編

■推薦と一般入試の作文・小論文

過去出題の課題研究

別冊の内容

1 **課題約2000例を代表的な15パターンに分類!!**
●最近の傾向&展望と対策

2 **着眼点 キーワード ポイント を各パターンごとにコメント!!**
●作文・小論文を書きやすくするためのアドバイス

3 **推薦・一般入試の課題作文・小論文実施校と課題例を一挙掲載!!**
●首都圏の課題作文実施私立高約150校を調査

4 **首都圏公立高校の最近の課題（条件）作文を調査!!**

5 **東京都立高校・千葉県公立高校の推薦入試課題例全調査!!**

※別冊は本体からていねいに切り取ってご使用ください。

声の教育社

☆合格!　推薦と一般入試必勝術

図解でわかる「作文・小論文」

―3週間で仕上げる「短期集中トレーニング」―

■はじめに■

「小論文」思考は、時代のニーズ

今、「時代」が大きく変化しています。

中学生の皆さんが、社会に出る頃には、どんな社会が待っているのでしょうか。

インターネットに代表されるIT技術の進歩は、私たちの想像をはるかに超えて、世界の情報や知識・技術を一瞬にして得ることのできるものに変えてしまいました。その結果、今や世界は国家という枠を外し、グローバルで熾烈《しれつ》な競争下に入っています。「今日の勝ち組は、明日の負け組」とも言われる、激しい企業間の競争は、これからもますます強まることが予想できます。会社に入ってからも、何よりもスピードが要求され、仕事の成果が問われる厳しい環境が待っているかもしれません。

そんな中で問われてくるのが、自分で考え生き抜く、個人の「**自立**」であり、相手に自分の考えを正確に伝える「**自己表現**」の大切さであり、人間関係を維持する「**コミュニケーション能力**」の必要性です。ですから、「**作文**」「**小論文**」入試という選抜法は、単なる「試験」という枠を超えて、これからの時代を生きる中学生諸君に、その重要性を教えるものなのです。

私はキャリア・コンサルタントの仕事もしていますが、「図解」という手法を使って相互理解を深め、就職や再就職に役立てています。つまり、「**図解コミュニケーション**」とも言えるものですが、これを本書の「作文・小論文」対策の中で活用し、まず「図を描く」ことから始めることを提案しています。

本文に入る（文章を書く）前に図を描き、自分の考えを整理することは、「文章をわかりやすく、論理的に書く」という「よい文章の条件」の内容にピタリと当てはまります。

苦手な人が多い「作文・小論文」の対策本として、本番にきっと役立つことは間違いありません。

そしてこの力は、高校に入学してからの「大学入試」、さらに将来の「就職」対策としても有効です。

自分の力を信じて最後まで諦めず、ぜひ「栄冠」を勝ち取ってくれることを心から祈っています。

目次

序章 …5

第1章（基礎編）☆これをマスターすれば、「作文・小論文」対策は万全！ …13

第1講　1週間で仕上げる、図解「合格作文」対策

第2講　1週間で仕上げる、図解「合格小論文」対策

第2章（実戦編）
☆これを練習すれば、「作文・小論文」は怖くない！

資料編

序　章

●この「作文・小論文対策」本の、
効果的使い方

●なぜ、入試に「作文・小論文」が
出されるのか？

●これからの時代に役立つ、
「作文・小論文」の
コミュニケーション力

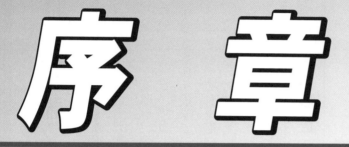

この「作文・小論文対策」本の、効果的な使い方

この本には、単なる「受験対策」にとどまらない、「文章表現」のための「ノウハウ」がたくさん盛り込まれています。

「図解」というアプローチも、その一つですが、この本を最も効果的に使ってもらう意味で、次の三つを念頭に入れて取り組んでみてください。それを徹底することで、あなたはきっと「文章を書く」ということの楽しさを知るはずです。

①基本的な「文章表現」の知識を身につける

「主題は一つに絞る」こと、「文章の組み立ては、起承転結、序論・本論・結論が基本」、「場面描写は、会話文と五感描写が効果的」など、基本的な「文章表現」のポイントを、ぜひ身につけておきましょう。

「はじめに」でも触れたように、これからの時代には、この文章を書く力がとても重要になってきます。つまり、自分の考えや思いを「文章」として表すということですが、携帯電話やメールでのやり取りが今以上に普及したとしても、人と人との「人間的なコミュニケーション」は、この「文章表現」でしか

●この「作文・小論文対策」本の、効果的使い方

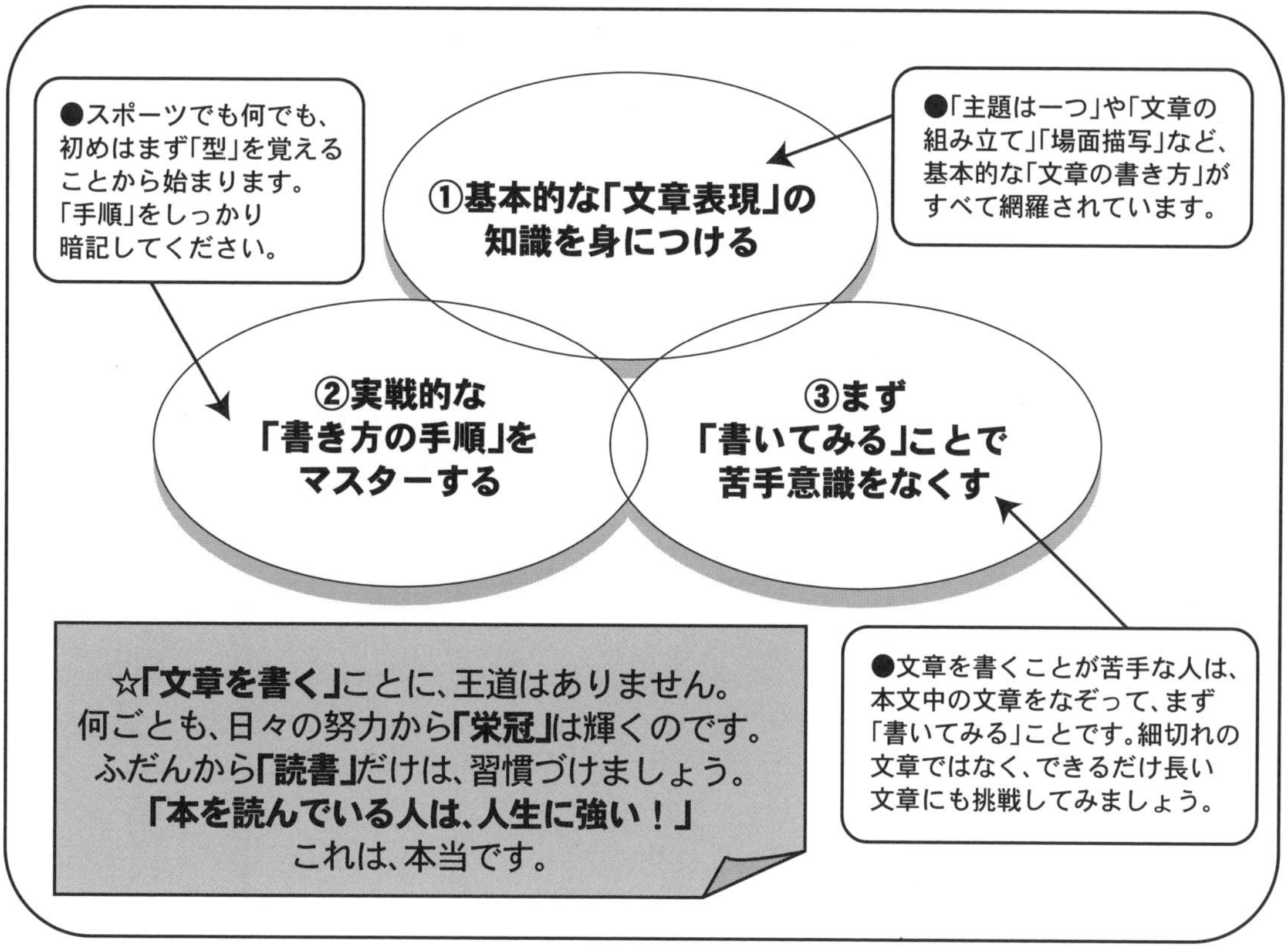
●スポーツでも何でも、初めはまず「型」を覚えることから始まります。「手順」をしっかり暗記してください。
①基本的な「文章表現」の知識を身につける
●「主題は一つ」や「文章の組み立て」「場面描写」など、基本的な「文章の書き方」がすべて網羅されています。
②実戦的な「書き方の手順」をマスターする
③まず「書いてみる」ことで苦手意識をなくす
☆「文章を書く」ことに、王道はありません。何ごとも、日々の努力から「栄冠」は輝くのです。ふだんから「読書」だけは、習慣づけましょう。「本を読んでいる人は、人生に強い！」これは、本当です。
●文章を書くことが苦手な人は、本文中の文章をなぞって、まず「書いてみる」ことです。細切れの文章ではなく、できるだけ長い文章にも挑戦してみましょう。

できないと思います。書店にあれだけの本が並んでいるということが、何よりもそれを証明しています。

②実戦的な「書き方の手順」をマスターする

入試というのは、「時間」という絶対的な条件のもとで行われます。その時間内に、与えられた「課題」をとにかく仕上げなければなりません。

スポーツでも何でもそうですが、初めは、「型」から入りますね。文章も例外ではなく、基本的な「書き方の手順」をまずマスターしてください。手順1は「主題の設定」、手順2は…、というように、頭から暗記するのもよいでしょう。

③まず「書いてみる」ことで苦手意識をなくす

文章を書くことが苦手な人は、本文中の文章を「原稿用紙」に書き写すことを勧めます。何度も書き写すことで、「文章を書く」コツがつかめるはずです。その場合、「短い、細切れの文章」では、効果が上がりません。ふだんから「長い文章」に慣れておくと、「短い文章」は容易に書けるようになります。

公立高校の入試作文は、二〇〇字程度の短い作文ですが、その対策ばかりを考えていると、推薦入試などの「長い文章」は、なかなか書けません。心しておきましょう。

なぜ、入試に「作文・小論文」が出されるのか？

2つの選考視点と3つの「切り口」

図1を見てみましょう。高校入試に出される「作文・小論文」課題には、大きく二つの「選考」の視点があります。

一つは「**本当に本校に入学したいのか**」、もう一つは「**本校にとってふさわしい生徒なのか**」、という二点です。

少子高齢化という時代の流れから、どんどん中学生人口は減り、「高校」に入学する生徒人口も減少の一途です。

では、学科試験に加えて、なぜ、この「作文・小論文」を課すのでしょうか？

その理由が、それぞれ二つの視点にそった「**志望動機を読む**」「**人物像・人間性を見る**」、そして「**国語力・文章表現力を測る**」の三つの「切り口」なのです。

これらを通して、学校側は受験生の「**全体の人間性と学力**」を知り、一定の基準に即して合否の判定を下すのです。

受験生が書いた「**志望動機**」を読み、「ああ、この生徒は本当に本校に入学して勉強をしたいんだな」ということがはっきりとわかるわけです。「受験の願書」にも、この「志望動機」を記入する欄が設けてありますが、改めて作文でこれを確認することができます。

「**本校に入学して一番にやってみたいことは何か**」とか、「**何のために高校に入学するか**」などという作文課題は、この流れですね。

次の「**人物像・人間性**」を見る方法として、この「作文・小論文」が最も適していることは間違いありません。大学入試にしても就職試験や各種の資格試験にしても、必ず課されるのが「論述問題」です。

有名な「文は人なり」（フランスの博物学者ビュフォンの言葉）は、書いた文章で作者の「人柄や人間性がわかる」というものです。

「**青少年の人生観**（人の暮らし方）**についての調査結果グラフを見て、感じたことや考えたことを書け**」とか、「**周りの人の言葉や行動から学んだことを書く**」といった課題のねらいは、そこにあります。

図１　入試「作文・小論文」出題の背景
―２つの選考視点と３つの切り口

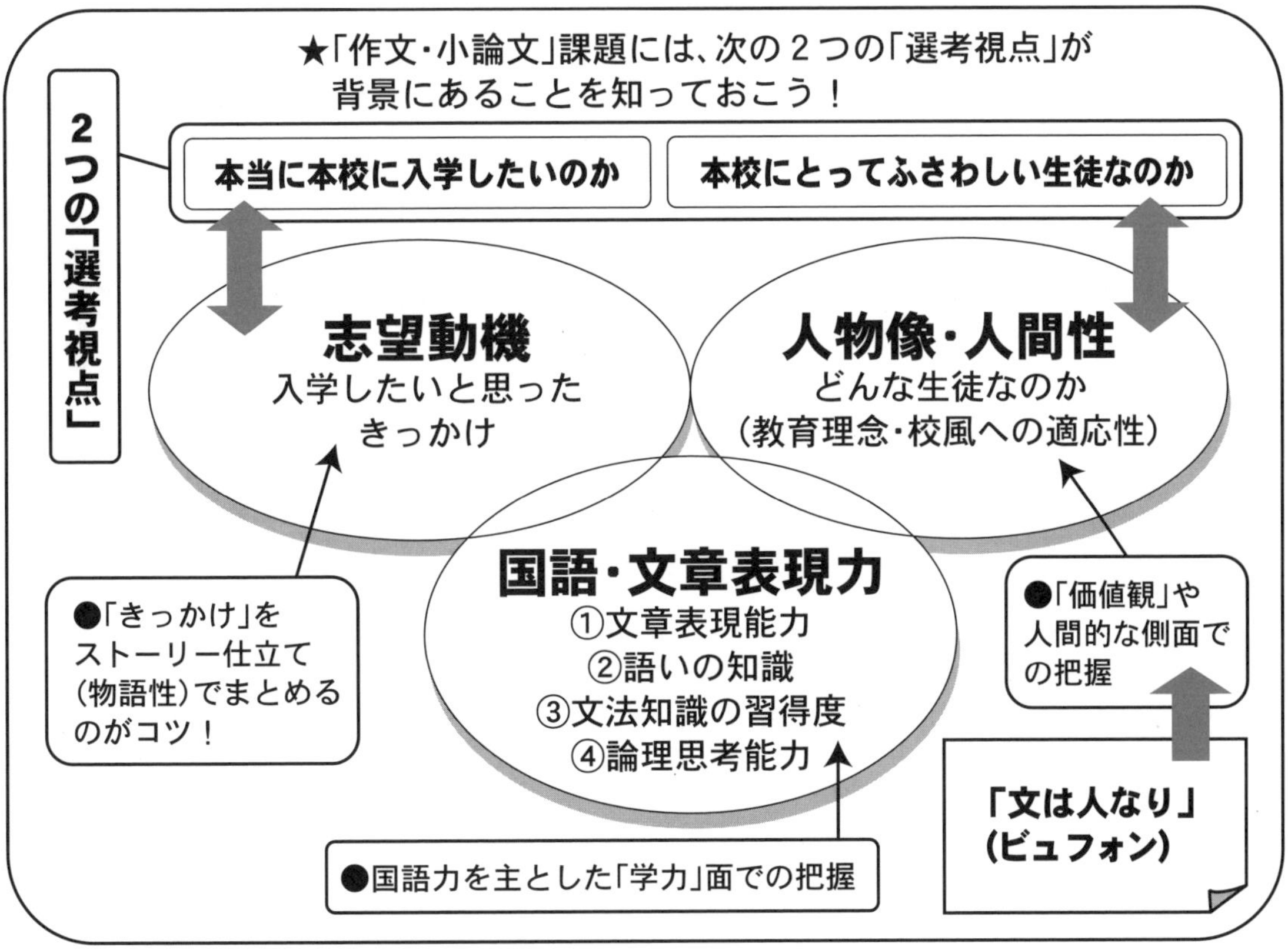
★「作文・小論文」課題には、次の２つの「選考視点」が
背景にあることを知っておこう！
２つの「選考視点」
本当に本校に入学したいのか
本校にとってふさわしい生徒なのか
志望動機
入学したいと思った
きっかけ
人物像・人間性
どんな生徒なのか
（教育理念・校風への適応性）
国語・文章表現力
①文章表現能力
②語いの知識
③文法知識の習得度
④論理思考能力
●「きっかけ」を
ストーリー仕立て
（物語性）でまとめる
のがコツ！
●「価値観」や
人間的な側面で
の把握
●国語力を主とした「学力」面での把握
「文は人なり」
（ビュフォン）

最後の**「国語・文章表現力」**。これは「自己表現」能力がどの程度なのか、それを総合的に見るということです。これは、書いた文章の評価で試されます。つまり、**「原稿用紙の使い方」**から、**誤字・脱字や送りがな、言葉づかい**など、表現や表記の知識力です。「**読後の納得性**」といった文章センス領域もここに含まれます。

では、最初の「**本校にふさわしい**」とはどんなことでしょうか。

高校に入ってから授業についていけない「学力」では困ります。これは、「学科試験」で試されます。でも、どの学校にも「教育理念」という学校としての「価値観」があります。校長室や教室に掲げられている額の中に、「質実剛健」とか、「愛」などとありますね。

これは、創立・設立のときに、「**どんな目的をもって、どんな教育方針のもとに、どう生徒を教え導くか**」という学校としての根幹の考えを記したものです。

皆さんは「大学受験に有利」とか「部活動で活躍したい」とか、「先輩が行っているから」など、いろいろな理由で志望校を決めているかもしれません。でも気持ちの裏には、この「学校」の持つ校風や環境の基盤にある、この「教育理念」に共鳴しているはずです。学校側は、これに合った生徒にできるだけ入ってきて欲しいのです。

これからの時代に役立つ、「作文・小論文」のコミュニケーション力

「生きる力」としての文章表現力

人間は生きていくときに、一人では生きていけない「社会的動物」と言われています。つまり、自分の考えや思いを他の人に伝え、やり取りをしながら、お互いに助け合い励ましあっていかなければ「生きられない」存在だからです。そのときにものをいうのが「言葉」であり、この「文章表現」に他なりません。

「企業が求める人材」の第一条件は、この「コミュニケーション」力です。ですから、「作文・小論文」を書くということは、単なる入学試験という枠を超えて、皆さんの将来の「生きる力」に直接結びつくことになるのです。

文章表現力の3つの中身とは

では、その「文章表現力」とは何でしょうか。

図2にあるように、それは大きく「**読解力**（理解力）」、「**解釈力**（企画力）」、そして「**表現力**（伝達力）」の三つに分けられます。これらは、言い換えると「ビジネスコミュニケーション基礎能力」とも呼ばれ、ビジネスマンが「仕事」をするときに、時計回りでこの能力が必要となることが指摘されています。

最初の「**読解力**（理解力）」は、特に「小論文」の「**資料文つき型**」課題で問われます。与えられた文章をよく読んで、筆者の最も伝えたいこと（主題または要旨）をつかみ、理解する力です。

二番目の「**解釈力**（企画力）」は、その主題または要旨に対して自分はどう考えるか、つまり「**自分の頭でしっかり考える**」ことが求められます。「物まね」ではなく、自分の考えたことを、自分の言葉で表現するための準備力です。

最後の「**表現力**（伝達力）」は、実際に「文章」を書き、最終的に読み手に自分の考えや意見・主張を正しく理解してもらう力です。

文章には「普通の文章」というものはない

では、読み手に「自分の考え」を的確に伝えるためには、どんなことに注意すればよいのでしょうか。

図3（12ページ）を見てください。文章には「普通の文章」

図2 「コミュニケーション・伝える力」としての文章表現力―「キャリア」の基礎能力

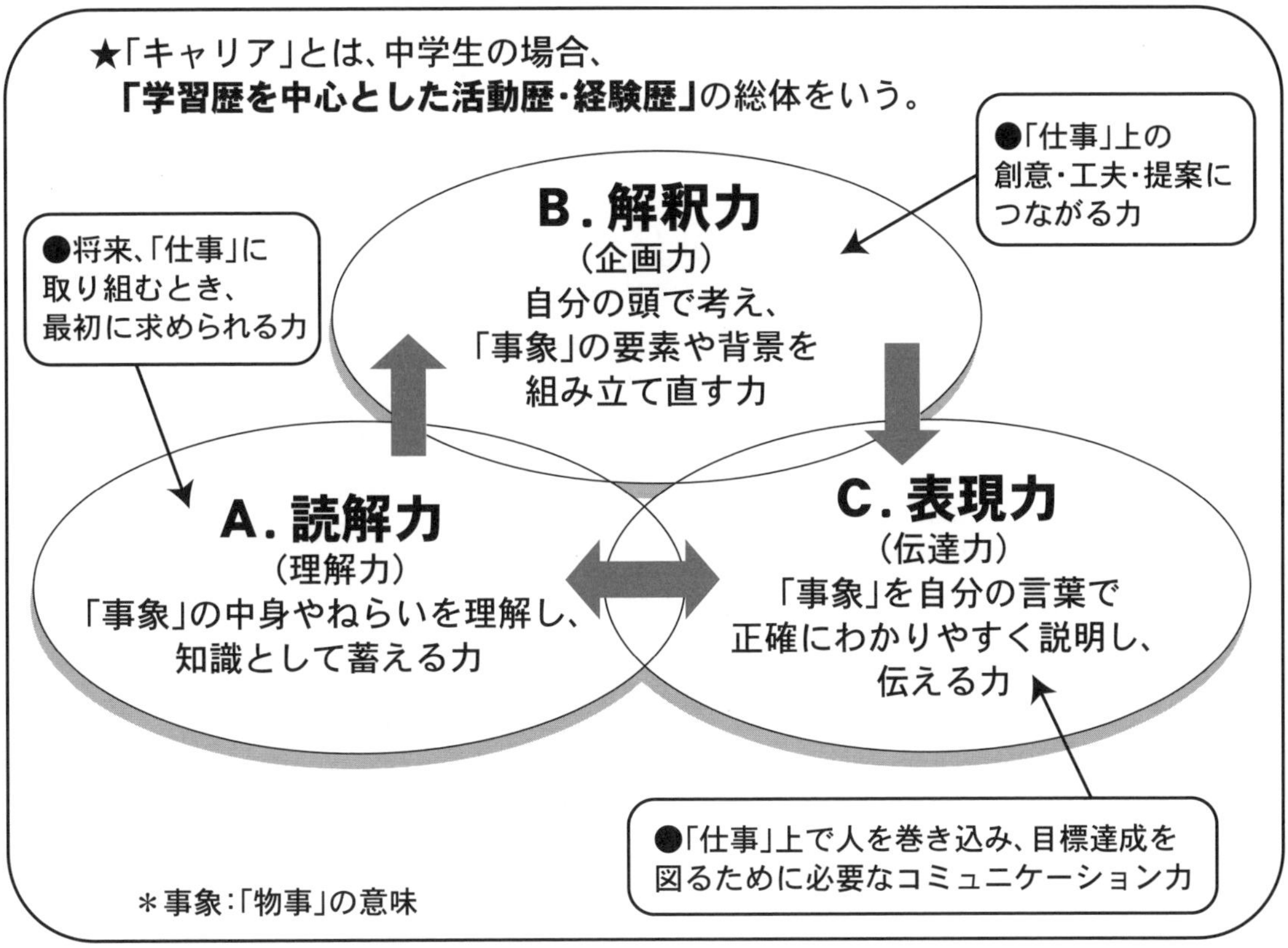

★「キャリア」とは、中学生の場合、
「学習歴を中心とした活動歴・経験歴」の総体をいう。
●「仕事」上の創意・工夫・提案につながる力
●将来、「仕事」に取り組むとき、最初に求められる力
B. 解釈力
（企画力）
自分の頭で考え、「事象」の要素や背景を組み立て直す力
A. 読解力
（理解力）
「事象」の中身やねらいを理解し、知識として蓄える力
C. 表現力
（伝達力）
「事象」を自分の言葉で正確にわかりやすく説明し、伝える力
●「仕事」上で人を巻き込み、目標達成を図るために必要なコミュニケーション力
＊事象：「物事」の意味

というものはなく、あるのは「よい文章」と「悪い文章」の二つだけです。ですから、入試での「作文・小論文」の文章は、この「よい文章」の条件を満たすことが必要です。その条件は三つ。小論文の場合は、これに加えて「読んだ後に、なるほどこういう考えもあるのか」といった「納得感」が求められます。

よい文章の3条件

第一に「わかりやすさ」。たとえばパソコンの説明書は、どうしてあんなに「わかりにくい」文章が並んでいるのでしょうか。これを書く技術者の「自分はわかっている」意識。ここに、読者に対する「配慮のなさ」が感じられます。

「わかりやすさ」の中身には、次の四つがあります。（図3）

①**「主題」は一つ**：「言いたいこと、伝えたいこと」は一つ
②**「平易な」文章**：わかりやすい言葉で表現する
③**「短文」の積み重ね**：字数は六〇字（三行）が限度
④**「読みやすい」文章の組み立て**：段落分けを工夫する

二つ目の「正確さ」。一定のルールに従った文章表現は、読み手に対するエチケットです。代表的なものは、次の三つです。

①**正しい「表記・文法」**：誤字や脱字、文法などの誤用はだめ
②**事実と考え（感想）の区別**：特に「小論文」では、要注意
③**文章展開の論理性**：筋道の通った段落構成や意見構築が大切です。

図3　「よい文章」の3条件

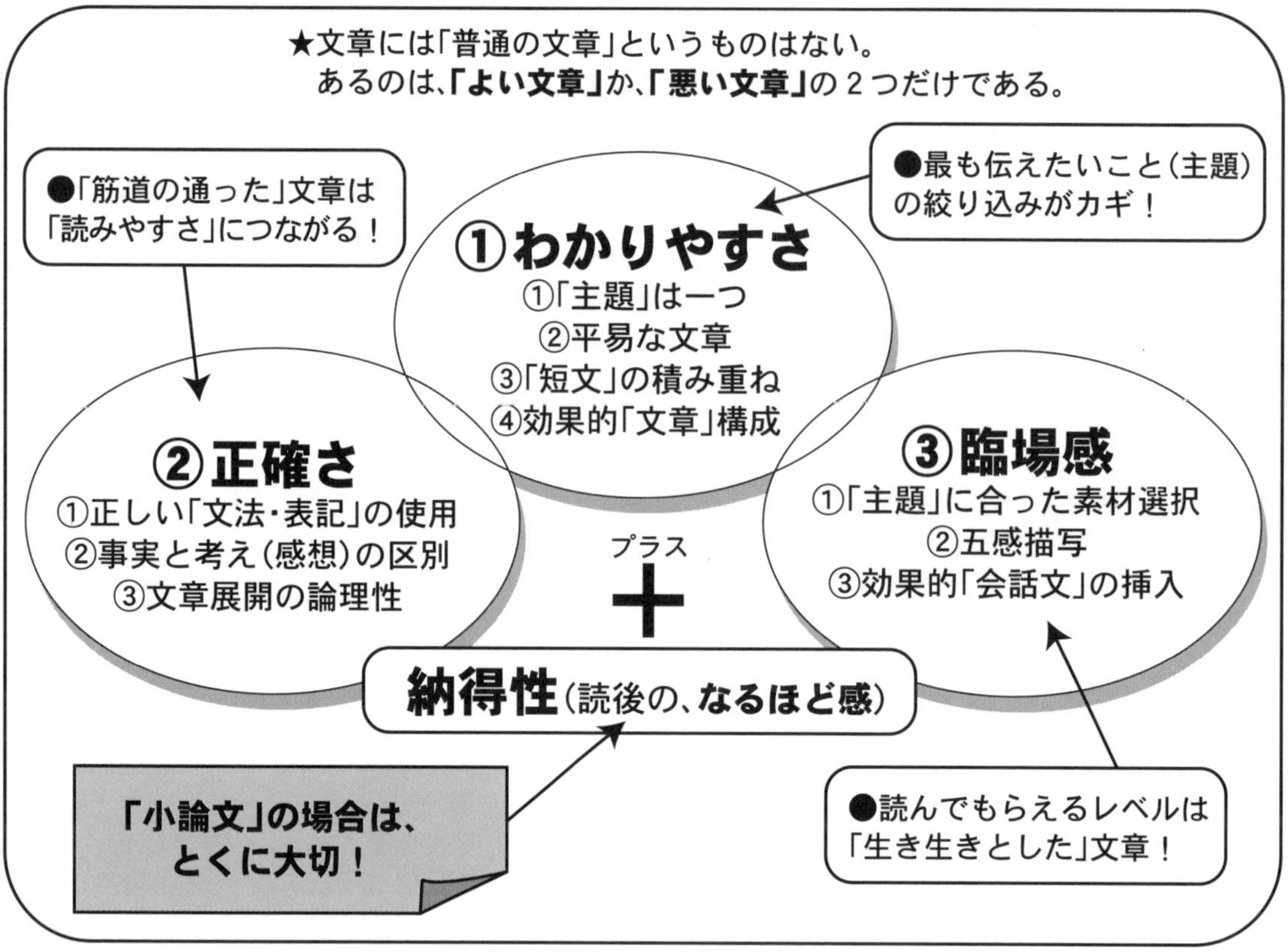

★文章には「普通の文章」というものはない。
あるのは、**「よい文章」**か、**「悪い文章」**の2つだけである。
●「筋道の通った」文章は「読みやすさ」につながる！
●最も伝えたいこと（主題）の絞り込みがカギ！
①わかりやすさ
①「主題」は一つ
②平易な文章
③「短文」の積み重ね
④効果的「文章」構成
②正確さ
①正しい「文法・表記」の使用
②事実と考え（感想）の区別
③文章展開の論理性
③臨場感
①「主題」に合った素材選択
②五感描写
③効果的「会話文」の挿入
＋《プラス》
納得性（読後の、なるほど感）
「小論文」の場合は、とくに大切！
●読んでもらえるレベルは「生き生きとした」文章！

最後に「臨場感」。これは、特に「作文」の「ヤマ場」表現で留意したいところ。中身は次の三つです。

①**「主題」に合った素材の選択**：「主題」とのマッチングが大事
②**「五感描写」の意識**：「視覚・聴覚・味覚・触覚・嗅覚」表現
③**「会話文」の挿入**：「ヤマ場」の盛り上がり効果

この「臨場感」とは、言い換えれば「生き生きした、躍動感のある」文章表現のことです。②の「五感描写」は読み手の体感に訴え、読者の共感を呼ぶものです。たとえば、「母の死」の場面描写で「四歳のときに母が死んだ光景を、よく思い出す」という文章を書いたとします。これを「五感描写」で表現してみましょう。

- **母の顔は白い布で覆われていた。（視覚）**
- **手を伸ばし母の脚をさすると、ザラザラという感じがした。（触覚）**
- **遠くでチンチンという電車の音が聞こえていた。（聴覚）**
- **甘い線香の匂いがした。（嗅覚）**
- **涙で唇が濡れた。しょっぱい味がした。（味覚）**

全部の文章をこんな形にする必要はありませんが、ヤマ場などで使うと盛り上がりがまったく違います。

③の「会話文」も効果的です。作文などの「書き出し」で、この「会話文」から始めるというのも結構インパクトがあります。

さあ、次ページからは実際の合格対策に進みましょう！

第1章(基礎編)

☆これをマスターすれば、
「作文・小論文」対策は万全!

第1講/作文

第2講/小論文

第1講
作文

一週間で仕上げる、図解「合格作文」対策

第1日…入試で求められる「作文」の3要素と文の構成

入試で求められる「作文」の3要素

同じ文章表現でも、「作文」と「小論文」とでは、決定的な違いがあります。

皆さんもよく知っているように、作文は情緒的要素が多い「文学的文章」の範疇《はんちゅう》に入り、一方小論文は、論理的思考が求められる「説明的文章」のカテゴリーに入るものですね。

ですから、入試で仕上げる「作文」も、当然その違いを十分に理解して書かなければなりません。そこで、まず「入試で求められる作文」の内容とはどんなものか、それについて考えてみましょう。

図4　第1日：入試で求められる「作文」の3要素と文の構成

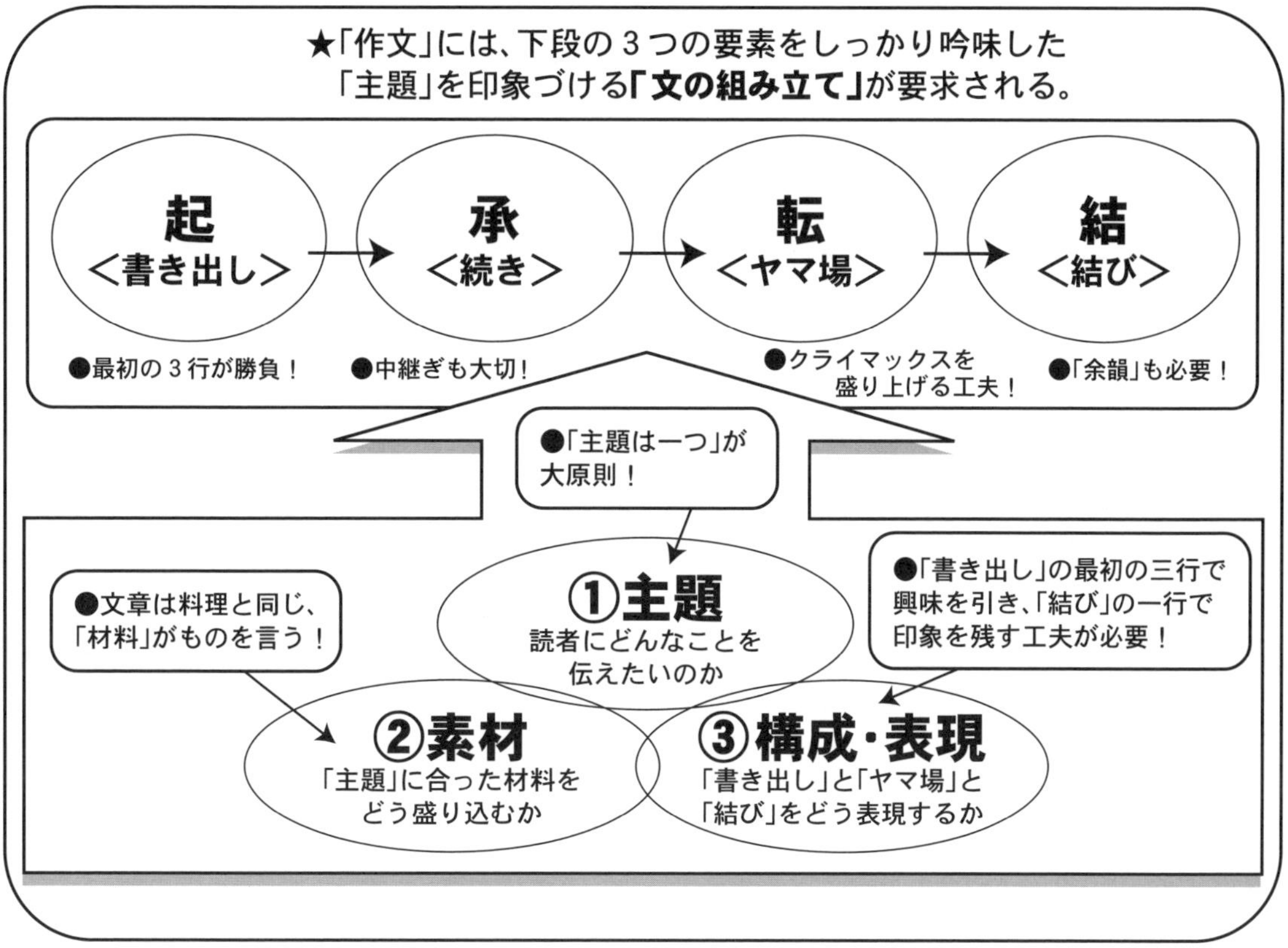
★「作文」には、下段の3つの要素をしっかり吟味した「主題」を印象づける「文の組み立て」が要求される。
起＜書き出し＞
承＜続き＞
転＜ヤマ場＞
結＜結び＞
●最初の3行が勝負！
●中継ぎも大切！
●クライマックスを盛り上げる工夫！
●「余韻」も必要！
●「主題は一つ」が大原則！
①主題
読者にどんなことを伝えたいのか
●文章は料理と同じ、「材料」がものを言う！
②素材
「主題」に合った材料をどう盛り込むか
●「書き出し」の最初の三行で興味を引き、「結び」の一行で印象を残す工夫が必要！
③構成・表現
「書き出し」と「ヤマ場」と「結び」をどう表現するか

図4を見てください。「作文」では、下段の三つの要素をしっかり吟味した上での、「起承転結」といった基本的な「文の組み立て」が要求されます。

三つの要素とは、それぞれ「**主題の決定**」、その主題に合った「**素材の選択**」、そして主題を最も効果的に読み手に伝えるための「**表現**」です。

一番目の「**主題の決定**」は、文章表現のかなめと言ってよいでしょう。

この「作文」で、自分は、読み手（入試の場合は学校側の先生になります）に何を伝えるのか、最も言いたいことは何か、それを決めなくては「作文」は書けません。また、この「主題」が欠けていたり、いくつもの「主題」が盛り込まれていれば、「一体、この作文は何が言いたいの？」と、読み手を混乱させることになり、評価はかなり低いものとなることは確かです。

これも「第2章　実戦編」でくわしく取り上げますが、たとえば「尊敬する人」といった課題作文が出されたとします。そのときに、「尊敬する人は○○です」と書いて終わりでは、当然ダメですね。そこには、「なぜ、尊敬するのか」という視点を加え、その理由をしっかりと書かなければ「作文」とは言えないわけです。

そして、この「**なぜ？**」という問いかけと同時に、その答えが「主題」につながることを理解してください。もちろん尊敬する理由は、一人ひとり違いますから、その人の「優しさ・愛情・仕事ぶり」など何でもいいですが、その中から一つに絞って取り上げることです。

受験生などの作文を見ますと、「尊敬する人が、何人も書かれている」ケースが結構あります。字数をかせぐという意味合いがあるのかもしれませんが、これはあまり感心しません。

「入試作文」という条件枠を考えれば、実際にはそうだとしても、やはり最も印象の強い、本当の「尊敬する人」を選んで絞るべきでしょう。

これは、次の「**素材の選択**」に関係してきます。料理と同じで、素材が悪ければ、「味」は当然まずくなります。

三番目の「**表現**」は、文の組み立てにも関わってきますが、序章11～12ページで触れた「生き生きとした文章」のことです。この「表現」によって、文章は「読み手」にしっかりと「言いたいこと」を伝えることができるのです。

文の構成は、「起承転結」が基本

さて、次に「文の組み立て」に入りましょう。

小説文や随筆文といった「文学的文章」の場合は、この四段落構成が基本です。これは、中国の漢詩（唐詩以降）の一種である絶句の構成法から編み出されたものです。

たとえば、王維という詩人が創った次の漢詩『鹿柴《ろくさい》』をみてください。

空山《くうざん》人ヲ見ズ　（起句）
但《た》ダ人語ノ響《ひびき》ヲ聞クノミ　（承句）
返景深林ニ入リ　（転句）
マタ青苔《せいたい》ノ上ヲ照ラス　（結句）

（注）
空山＝人気のない静かな山
返景＝夕日の照り返し。夕照
青苔＝緑色の苔《こけ》

少し解説をしますと、この詩では、まず「**起句**」で情景を描き始め、「**承句**」では、その情景を拡大していきます。そして「**転句**」で「返景」という新しい視界を取り入れて変化を与え、「**結句**」で余韻を残しながら締めくくっていますね。

新聞などで連載されている四コマ漫画などは、この四段落構成で描かれています。

「起承転結」のそれぞれの役割は、皆さんもよく知っている通りです。

- **起**（書き出し）…最初の「三行」が勝負！
- **承**（中継ぎ）…「ヤマ場」につなぐ
- **転**（ヤマ場）…クライマックス。「主題」がここで強調される
- **結**（結び）…最後の「一行」も大切。「余韻」を残して締めくくる

文学作品などで、作家たちがどんな「書き出し」をし、どんな「締めくくり」方をしているのか、調べてみるのも「よい文章」表現をする上で、とても参考になります。興味のある人は、ぜひ時間があったら取り組んでみてください。

参考までに、有名な作家たちの「作品」の中からいくつかを紹介しておきます。

■（書き出しの例）

木曽路はすべて山の中である。あるところは岨《そば》づたいに行く崖《がけ》の道であり、あるところは数十間の深さに臨む木曽川の岸であり、あるところは山の尾をめぐる谷の入り口である。一筋の街道はこの深い森林地帯を貫いていた。

（島崎藤村『夜明け前』）

親譲りの無鉄砲で、こどもの時から損ばかりしている。

（夏目漱石『坊っちゃん』）

私が自分に祖父のあることを知ったのは、私の母が産後の病気で死に、その後二月《ふたつき》ほど経って、不意に祖父が私の前に現われて来た、その時であった。私の六歳《むっつ》の時であった。

（志賀直哉『暗夜行路』）

■（結びの例）

老婆はつぶやくような、うめくような声を立てながら、まだ燃えている火の光をたよりに、梯子《はしご》の口まで這《は》って行った。そうして、そこから、白い白髪《しらが》を倒《さかさ》にして、門の下を覗《のぞ》きこんだ。外には、唯《ただ》、黒洞々《こくとうとう》たる夜があるばかりである。

下人の行方は、誰も知らない。

（芥川龍之介『羅生門』）

第2日…過去に出された「作文課題」の傾向と対策

過去の「作文課題」テーマは、4パターン

では、実際に入試の作文では、どんな課題がテーマとして出されているのでしょうか？

これは、**図5**にもあるように大きく四つに分類できます。

①自分像：受験生自身の「身の回り」に関するもの
②中学生活：学校での生徒会活動や部活動などに関するもの
③入試：「志望動機」に関するもの
④高校生活：入学後の「高校生活」に関するもの

①の「自分像」は、学校側が、受験生の「人となり」を見るものですね。

「序章」で、入試作文の背景やねらいについて述べたことを思い出してください。つまり、この課題を通して「これを書いたのはどんな人物か、本校にふさわしい生徒か」という判断の材料にするねらいがあることを、十分に理解しましょう。

作文では、「**自分はこんな人間です**」ということを、口で表すのではなく、それを「**文章**」で表現し伝えなければなりません。そのためには何度も言うようですが、その「自分像」を的確に相手に伝えるための「**材料**」、これをしっかりと選ぶことが何よりも大切になってきます。

たとえば、「夢中になったこと」という題で、皆さんが「コンピュータ・ゲームや漫画」という材料を選んだとします。さて、どんなことを書きますか？

入試「作文課題」に対する対策

わかりますね。その中で、「志望校の教育理念」にふさわしい「主題」が見つかればいいわけですが、なかなかそんな展開にはなりにくい「材料」というものがあるのです。入試の場面では時間が決まっていますから、あれこれと考えている暇はありません。

ですから、この「材料」については、他の②～④でも同じですが、**前もって出題傾向に沿った「使える素材」を準備しておくことを勧めます。**

図5　第2日：過去に出された「作文課題」の傾向と対策

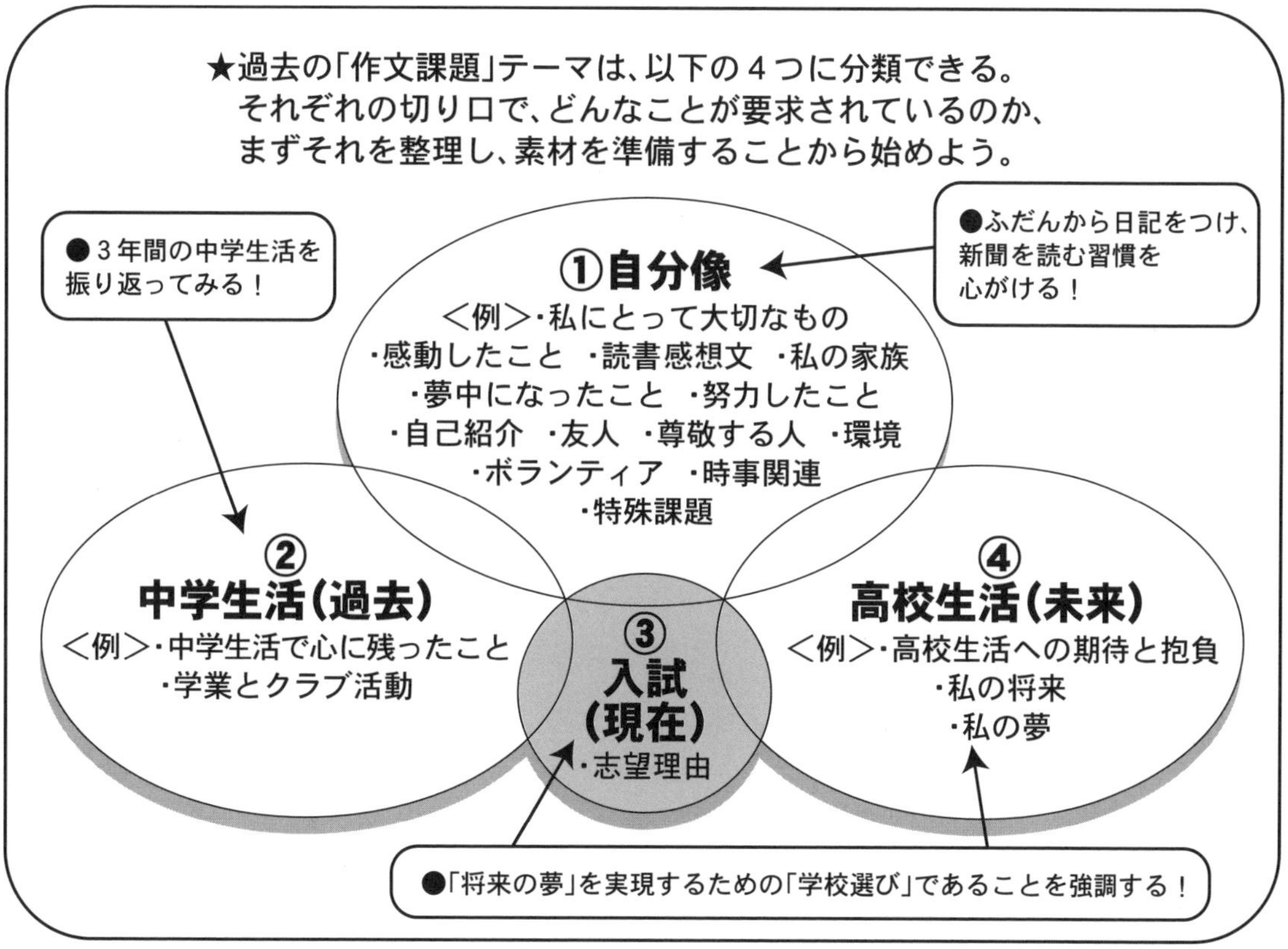
★過去の「作文課題」テーマは、以下の４つに分類できる。
それぞれの切り口で、どんなことが要求されているのか、
まずそれを整理し、素材を準備することから始めよう。
●３年間の中学生活を振り返ってみる！
●ふだんから日記をつけ、新聞を読む習慣を心がける！
①自分像
＜例＞・私にとって大切なもの
・感動したこと　・読書感想文　・私の家族
・夢中になったこと　・努力したこと
・自己紹介　・友人　・尊敬する人　・環境
・ボランティア　・時事関連
・特殊課題
②中学生活（過去）
＜例＞・中学生活で心に残ったこと
・学業とクラブ活動
③入試（現在）
・志望理由
④高校生活（未来）
＜例＞・高校生活への期待と抱負
・私の将来
・私の夢
●「将来の夢」を実現するための「学校選び」であることを強調する！

①であれば、ふだんから日記をつけ、新聞などにもしっかり眼を通して「自分」を見つめ、「自分の考えや思い」を言葉にしておくとよいでしょう。②や④は、定番とも言えるくらいに多くの学校で出されている課題です。これらも、大筋では「人物像」を問うものですが、生徒会や部活動、学校でのいろいろなイベントが行われる中で、皆さんが主体的に取り組んだことが、何よりも評価されます。

ですから、今までの中学生活の中で、志望校側にアピールできる「素材」こそが、この「入試作文」の合否を決めると言っても過言ではないでしょう。

そして、それを探すことが、唯一最強の対策なのです。

たとえば、何気なく手伝った文化祭の準備で、「**友達と一緒にものを創り上げていく喜びを知った**」とか、「**マラソン大会で、歩けなくなったときに肩を貸してくれた友達のこと**」とか、作文の「材料」を、たくさん自分の引き出しに入れている人は、間違いなく「合格作文」を書ける人ですね。

クラブ
友達
家族

第3日…「主題」の設定と「素材」の選択

作文を書く手順の一番目は「**主題**」の設定です。与えられた「課題」に対して、「**自分が最も読み手に伝えたいこと**」を決める作業ですね。

では、「私の夢」という課題をもとに、具体的に作文を書いてみることにしましょう。これは、毎年どこかの学校で必ず出される、とても頻度の高い「課題」です。

図6を見てください。まず、「夢」という意味合いは、何でしょうか？　「課題」に取りかかる前に、この**「課題が出された意図」をきちんと考えること**も大切です。

「第2日」でも確認したように、「本校にとって、ふさわしい受験生なのか」、それが問われてくる「課題」ということは理解できると思います。

「夢」の3条件とは何か？

私は、キャリアセミナーなどのさい、「夢の条件」として、次の三つを挙げています。

①わくわく感
：考えただけで「わくわく」し、心が躍るようなもの

②いくつあってもよい
：いつでも「他の夢」に、チェンジしてもよいもの

③実現の期限はない
：「いつまでに」という制約が、個人によって違うもの

ユメがありすぎて…
だからって項目並べただけの作文…
これじゃインターネットかメメページの目次だ

図6　第3日：「主題」の設定と「素材」の選択

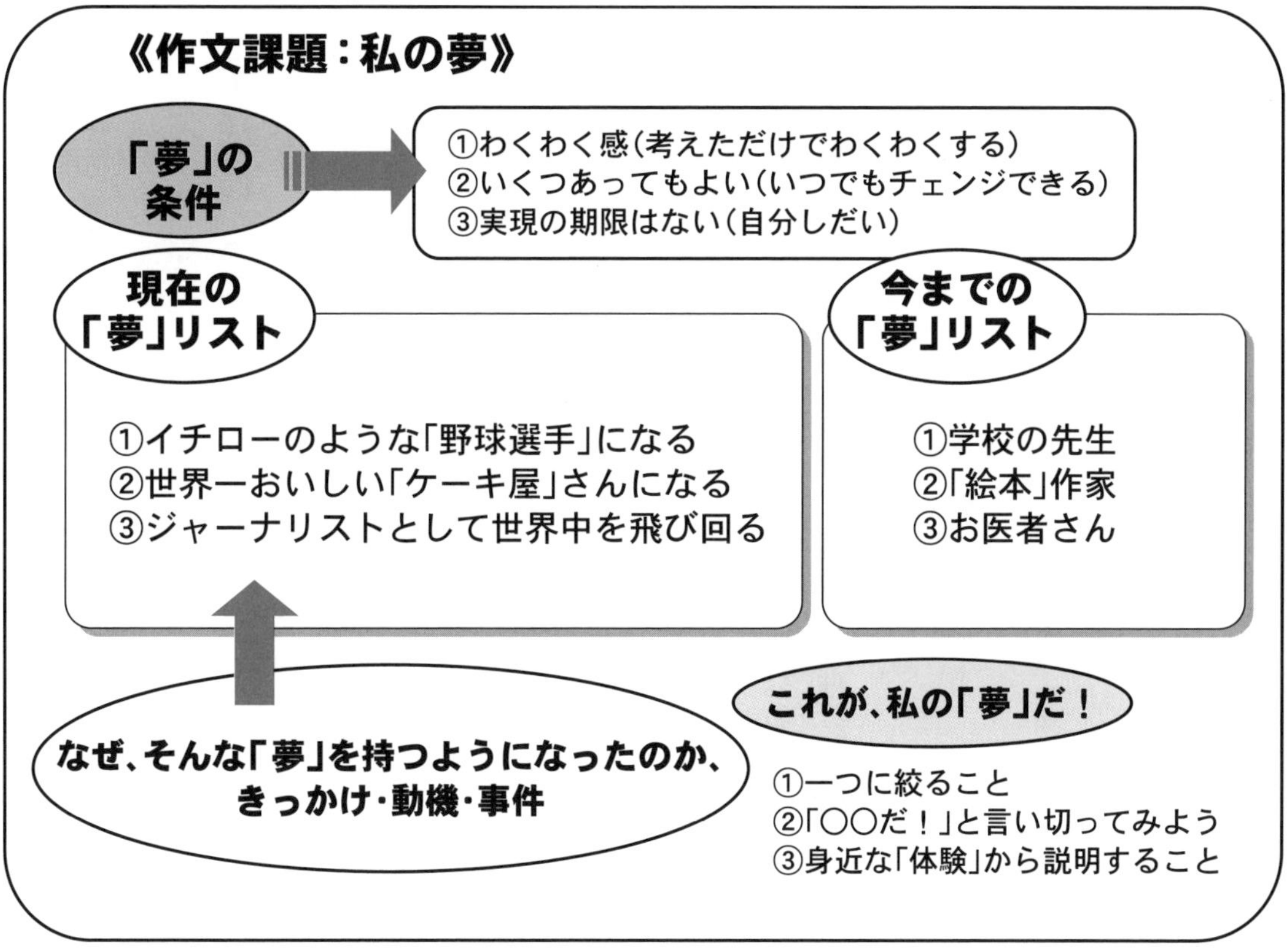
《作文課題：私の夢》
「夢」の条件
①わくわく感（考えただけでわくわくする）
②いくつあってもよい（いつでもチェンジできる）
③実現の期限はない（自分しだい）
現在の「夢」リスト
①イチローのような「野球選手」になる
②世界一おいしい「ケーキ屋」さんになる
③ジャーナリストとして世界中を飛び回る
今までの「夢」リスト
①学校の先生
②「絵本」作家
③お医者さん
なぜ、そんな「夢」を持つようになったのか、
きっかけ・動機・事件
これが、私の「夢」だ！
①一つに絞ること
②「○○だ！」と言い切ってみよう
③身近な「体験」から説明すること

この前提に立って、皆さんも「私の夢」というものを考えてみてください。

私にも経験がありますが、幼稚園や小学校のころの「夢」と、現在、高校受験を控える中学生レベルでの「夢」とは、質的にもかなり違ってきているのではないでしょうか。

そこで、「今までの夢リスト」と「現在の夢リスト」とを作って比較してみることも面白いと思います。ここでは図にもあるように、例として次のように考えてみました。

◆今までの「夢」リスト〈例〉

①学校の先生
②「絵本」作家
③お医者さん

◆現在の「夢」リスト〈例〉

①イチローのような「野球選手」になる
②世界一おいしい「ケーキ屋」さんになる
③ジャーナリストとして世界中を飛び回る

情報量が格段に違ってくるためか、「現在の夢」は、かなり具体的なイメージになっていることがわかると思います。皆さんはどうでしょうか？

「主題」を決める際の留意点

「主題」を決めるにあたっての留意点は、次の二つです。

①「主題」は一つに絞ること
…現在の時点での、かなえたい「夢」は一つのみ

②「ボクの夢は、○○だ!」というように、言い切ること
…印象が強まる効果

つまり、この「私の夢」という課題では、「主題」として夢を一つに絞り、次のように言い切っての表現が、まず求められるということですね。

例に沿って言えば、こうなるでしょう。

- **ボクの夢は、イチローのような野球選手になることだ。**
- **私の夢は、世界一おいしいケーキ屋さんになることです。**
- **ボクの夢は、ジャーナリストとして世界中を飛び回ることだ。**

主題に合った「素材」の選択

この「素材の選択」は、作文を書く上で最も重要なところです。何度も言いますが、料理と同じで「文章は材料で決まる」と言っても過言ではありません。

ですから、「なぜ、そんな夢を持つようになった」のか、具体的で効果的な材料を探し、その背景を自らの「エピソードで語る」、このことが「合格作文」を仕上げる最大のポイントです。

たとえば、1日目で「主題」が決まりました。「大リーグで活躍するイチロー選手のような野球選手になる」こと、これが「夢」でした。

では、なぜ、そのような「夢」を持つに至ったのでしょうか?これがしっかりと書けていなければ、読み手にその「思い」は正確に伝わりません。そして、この強烈な受験生の「思い」を代弁してくれるのが、この「素材」なのです。

「素材」を活かす留意点

「素材」とは、そう思うようになった「きっかけ・動機・事件」のことですが、二つの留意点があります。

図7 「素材」を活かす留意点

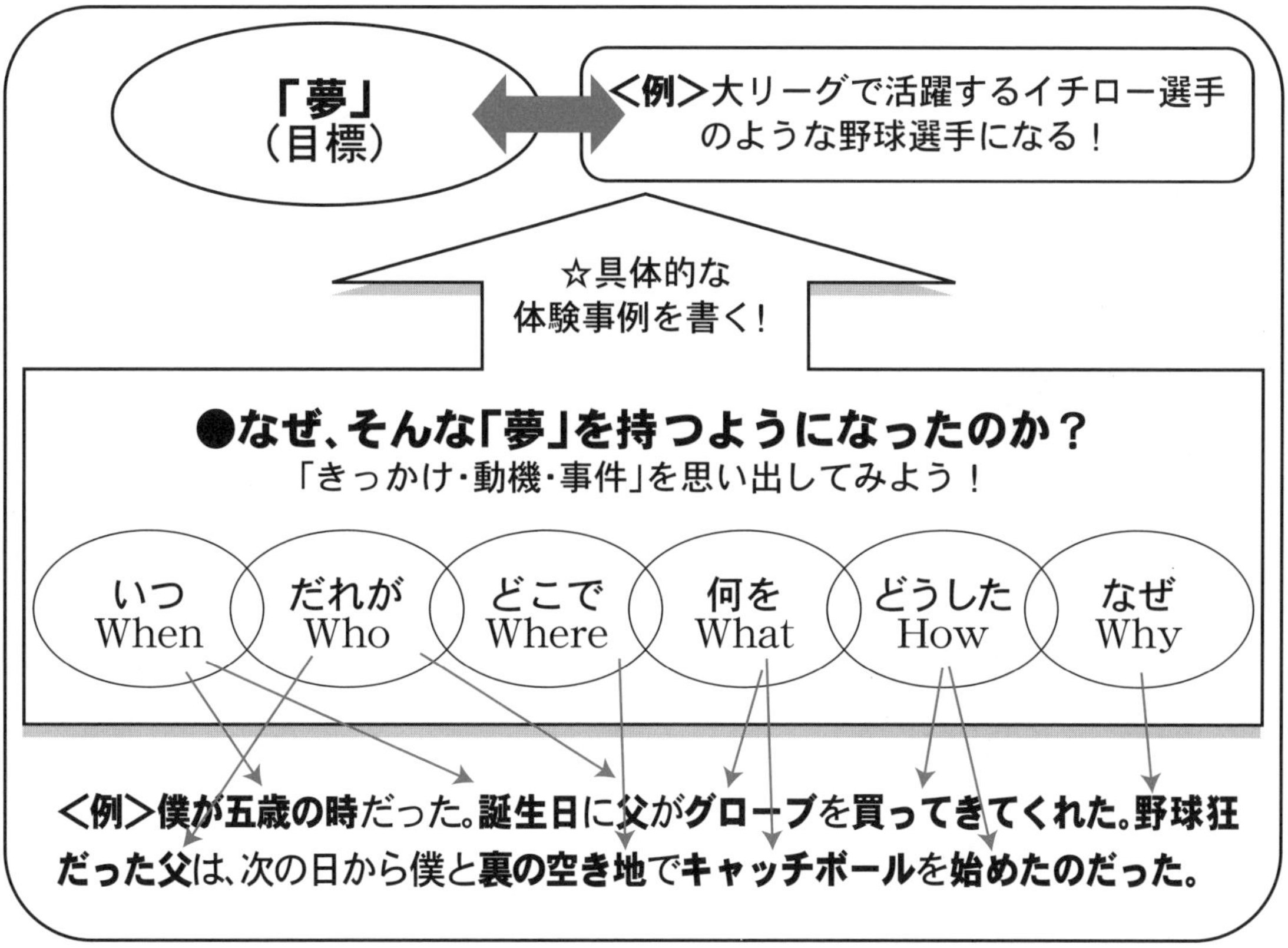

㋐具体的な、自分の「体験事例」を書くこと

：オリジナル性が、他の受験生との差別化につながる

㋑エピソードという挿話で語ること

：説明文では、誰も読まない！

①の「体験事例」は説明するまでもなく、自分自身のことを取り上げるわけですから、他の人は絶対にマネはできません。一般的な事例を選ぶのではなく、今までの「体験」の中から、最もその「主題」に合った、それにふさわしいものを探し出しましょう。

次に、その「表現の仕方」です。**図7**を見てください。オーソドックスな、普通の書き方としては、新聞記事などでも知られる「**5W1H**」の技法ですね。たとえば、次のように書いてみます。

- **いつ（When）**：僕が五歳の時・誕生日
- **だれが（Who）**：父
- **どこで（Where）**：裏の空き地
- **なにを（What）**：グローブ・キャッチボール
- **どうした（How）**：買ってきてくれた・始めたのだった
- **なぜ（Why）**：野球狂だった

この要素をすべて網羅する必要はありませんが、「わかりやすい」文章を心がけるなら、できるだけこの「5W1H」を盛り込むことを心がけた方がよいと思います。

第4日…「文」の組み立て（起・承・転・結）

さて、いよいよ本格的に「書く」作業に入って行くことにしましょう。

図8にもあるように、**「文の組み立て」の基本は、「起承転結」**といった四段落構成です。

これは、「第1日」でも触れました。ですからくわしくは説明をしませんが、書き出しに当たる「起」、大事な「転」につなぐ役割の「承」、ヤマ場の「転」、そして締めくくりの「結」という基本的な形は、ぜひ覚えておいてください。

困った時は、「時」から書き始める

では、例に沿って、「私の夢」という課題で作文をしてみましょう。

（起）

僕が五歳の時だった。誕生日に父がグローブを買ってきてくれた。野球狂だった父は、次の日から僕と裏の空き地でキャッチボールを始めたのだった。初めはポロポロと落とすボールが、ストンとグローブに収まるようになって、僕はたちまち夢中になった。

皆さん方の作文を見ますと、この「書き出し」で特に苦労する気配がありありです。実際に書いてもらう場面でも、すぐに「原稿用紙」に向かう人はまれで、「どう書こうか」と、迷いに迷っている光景によく出会います。極端な例では、最後の5分

図8　第4日：「文」の組み立て（起・承・転・結）

《作文課題：私の夢》

●導入部：初めの3行が勝負！	●中継ぎ：「転」につなぐ役割	●クライマックス：「主題」の強調！	●締めくくり：最後の1行で決まる！
起「書き出し」	**承**「続き」	**転**「ヤマ場」	**結**「結び」

　僕が五歳の時だった。誕生日に父がグローブを買ってきてくれた。野球狂だった父は、次の日から僕と裏の空き地でキャッチボールを始めたのだった。初めはポロポロと落とすボールが、ストンとグローブに収まるようになって、僕はたちまち夢中になった。

　街のリトルリーグに入ったのは、小学校一年生に入学と同時。守備は何とか動きについていけたが、問題は打撃だった。小柄でバットを振り回すパワーが不足していたこともあったが、「バランスが悪い。腰を中心に打て」と、父に何度言われたことか。練習を終えて家に帰った後も、毎日の素振りは欠かさずに強制された。百回、二百回。なぜ、こんなことを僕だけがやらされるのか。泣きながらわけもなく父を恨んだこともあった。左バッターが有利というので、左打ちも練習に加えられた。

　小学五年生になって、初めて対外試合にレギュラーで出ることになった。打順は二番で二塁手。トップバッターが倒れて、最初の打席が僕に回ってきた。極度の緊張のためか、脚がガクガクして震えが止まらない。父は応援席の最上段に座ってじっと僕を見つめていたが、笑い顔で何か言った。「リラックス！」と叫んだような気がした。ふっと肩の力が抜け、ピッチャーの表情が見えるようになった。相手も顔がこわばり緊張している。初球がきた。手ごたえがあった。必死に一塁まで走る。手前から身体ごと滑り込んだ。「セーフ」。「やった！」ユニフォームの泥を落としながら、父の方を見た。父も立ち上がって拍手してくれていた。これが野球なんだ。眼の奥に涙がにじんだ。

　高校に入学したら、すぐに野球部に入ってレギュラーを目指す。大学はK大かW大。将来はプロの選手になり、三年を経て大リーグにも挑戦したい。部活動と勉強を両立させ、「イチロー選手のように、大リーグで活躍すること」、これが、僕と父との共通の夢だ。


くらいになっても、まだ「最初の一行が書けない」、と頭を抱えているケースも少なくありません。

　そんな場合は、まず「時」から書き始めることです。ここでも、最初の一行は「僕が五歳の時だった」と、「時」から入っています。

「困った時は、時から書け！」。これが鉄則です。


（承）

街のリトルリーグに入ったのは、小学校一年生に入学と同時。守備は何とか動きについていけたが、問題は打撃だった。小柄でバットを振り回すパワーが不足していたこともあったが、「バランスが悪い。腰を中心に打て」と、父に何度言われたことか。練習を終えて家に帰った後も、毎日の素振りは欠かさずに強制された。百回、二百回。なぜ、こんなことを僕だけがやらされるのか。泣きながらわけもなく父を恨んだこともあった。左バッターが有利というので、左打ちも練習に加えられた。


「承」が、次の「ヤマ場」につなぐ役割を果たすことは、前に述べました。

　ですから、ここでは淡々と事実の推移に徹しましょう。「書き出し」のグローブの入手を経て、対外試合という「ヤマ場」までの「つなぎ」の役目は、その過程を描くことです。

（転）

小学五年生になって、初めて対外試合にレギュラーで出ることになった。打順は二番で二塁手。トップバッターが倒れて、最初の打席が僕に回ってきた。極度の緊張のためか、脚がガクガクして震えが止まらない。父は応援席の最上段に座ってじっと僕を見つめていたが、笑い顔で何か言った。「リラックス！」と叫んだような気がした。ふっと肩の力が抜け、ピッチャーの表情が見えるようになった。相手も顔がこわばり緊張している。初球がきた。手ごたえがあった。必死に一塁まで走る。手前から身体ごと滑り込んだ。「セーフ」。「やった！」ユニフォームの泥を落としながら、父の方を見た。父も立ち上がって拍手してくれていた。これが野球なんだ。眼の奥に涙がにじんだ。

これも、前に指摘したことですが、この**「ヤマ場」の描写こそが「合格作文」のすべて**、と言ってもよいでしょう。ここで、ほとんど評価が決まります。

この「転」での盛り上がりがなければ、「結」にどんな名文を持ってきたとしても「主題」は伝わりません。音楽の「クライマックス」、演歌で言えば「サビ」ですね。

ヤマ場の「場面描写」の盛り上げ方

ですから、ここは全神経を集中して、「場面描写」を最大限工夫することです。もう一度おさらいをすると、「転」での留意点は次の通りです。

①「場面描写」は、簡潔に
：できるだけ「短文」の積み重ねを意識する

②「五感描写」を試みる：読み手との「共感」効果

③「会話文」を適度に入れる
：読み手に与える「臨場感」が違ってくる

（結）

高校に入学したら、すぐに野球部に入ってレギュラーを目指す。大学はK大かW大。将来はプロの選手になり、三年を経て大リーグにも挑戦したい。部活動と勉強を両立させ、「イチロー選手のように、大リーグで活躍すること」、これが、僕と父との共通の夢だ。

最後の「結び」は、やはり「**私の夢は、○○だ**」というように、「主題」をもう一度確認することが大切です。

第5日…テーマ別基礎演習①――「自分像」課題

さて、ここからは、実際に出題された「作文課題」をもとに、演習をすることにします。いずれも過去に何回も出された「課題」ですから、大いに参考になると思います。

時間を区切り、「本番形式」でやってみてください。

【作文課題①】：「私が大切にしているもの」（八〇〇字／六〇分）

図9（次ページ）にあるように、①〜⑤までの手順で書いてみましょう。入試本番では、特に時間の配分が大切ですね。大体の目安としては、①〜③までの作業を一〇分以内。これ以上かかるようであれば、本文を書く時間を削ることになるので、これは譲れません。最後の⑤はせいぜい三〜五分程度で、④の「文章執筆」には最低でも三〇分はかけないとバランスが崩れます。一気に書いて後で見直すにしても、日頃からの「時間を切った」練習を重ね、本番に備えてください。

◆手順の1：「主題」の設定

今までの生活を振り返って、まず「**自分が大切にしているもの**」のリストを作ってみましょう。ばく然と考えるのではなく、大まかに「**家庭・学校・社会**」など、範囲を区切っての作業が効果的です。「**人物・もの・心**」などの切り口でもよいと思います。

たとえば、「家庭・学校・社会」では、次のようなものがあるでしょう。

- **家庭**：両親、家族、ペットなど
- **学校**：友人、生徒会や部活動など
- **社会**：自然、環境など

「人物・もの・心」では、前の例と重なる場合もありますが、次のようなものが考えられるでしょう。

- **人物**：父親、母親、祖父母、兄弟姉妹、親友など
- **もの**：手紙、プレゼントなどの思い出の品、色紙、収集品など
- **心**：思いやり、優しさ、親切、あいさつなど

図9　第5日：テーマ別基礎演習①

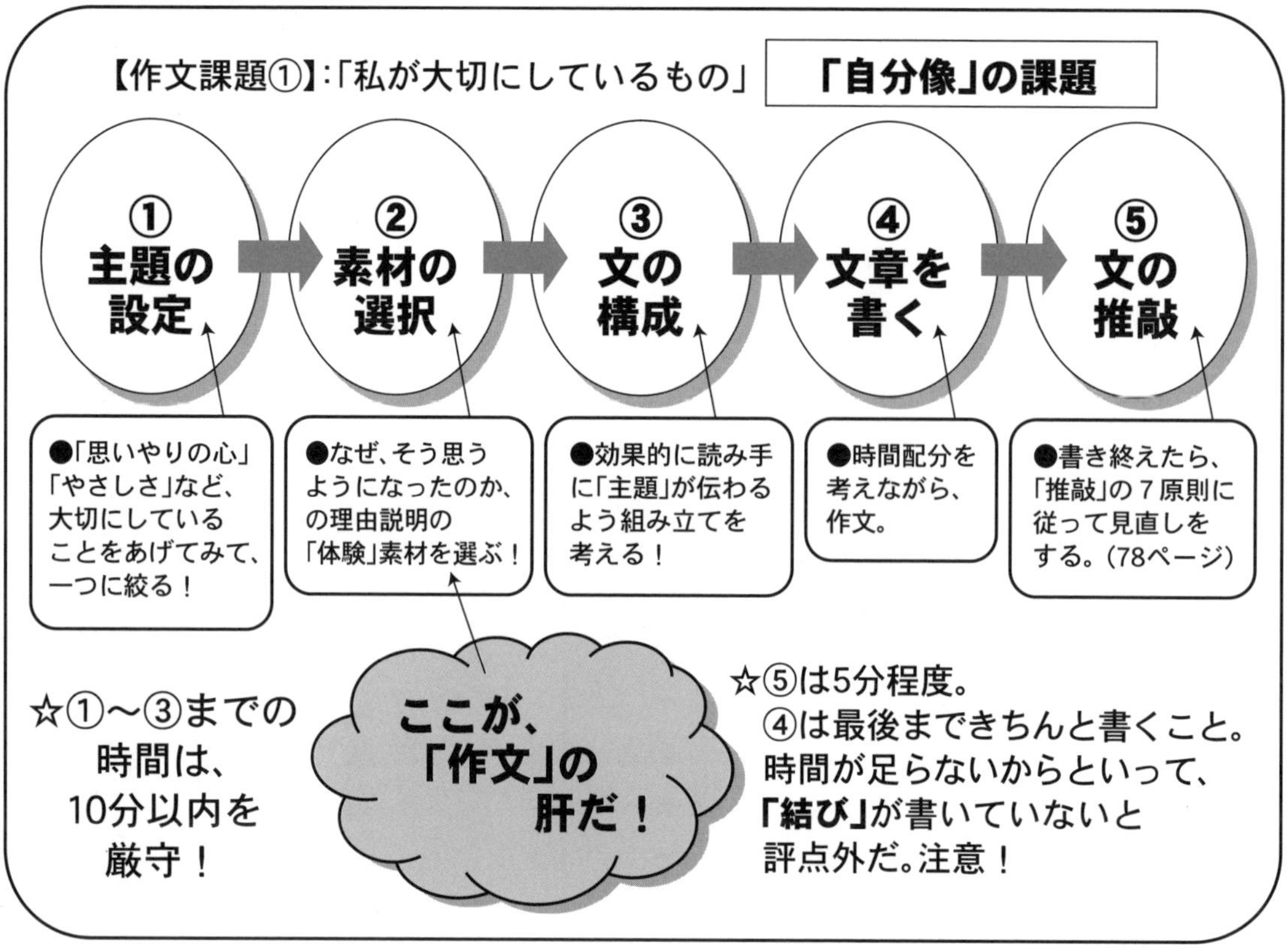
【作文課題①】：「私が大切にしているもの」
「自分像」の課題
①主題の設定
②素材の選択
③文の構成
④文章を書く
⑤文の推敲
●「思いやりの心」「やさしさ」など、大切にしていることをあげてみて、一つに絞る！
●なぜ、そう思うようになったのか、の理由説明の「体験」素材を選ぶ！
●効果的に読み手に「主題」が伝わるよう組み立てを考える！
●時間配分を考えながら、作文。
●書き終えたら、「推敲」の７原則に従って見直しをする。（78ページ）
☆①～③までの時間は、10分以内を厳守！
ここが、「作文」の肝だ！
☆⑤は5分程度。④は最後まできちんと書くこと。時間が足らないからといって、「結び」が書いていないと評点外だ。注意！

これらの中から、次の手順である「素材の選択」を同時にイメージすることも大切です。

「なぜ、それを大切と思うようになったのか」という問いかけですね。

ここでは、「ありがとう」という言葉、これを「私が大切にしているもの」として「主題の設定」をすることにします。

◆手順の2：「素材」の選択

次の手順は、この「ありがとう」という言葉が、どうして「私の大切にしているもの」になったのか、それを明らかにする「素材」選びです。「主題」を決める段階で、ほとんどの人は、「ああ、あれがきっかけで、そう思うようになったんだな」という場面イメージがだいぶわいてきているはずです。

それを「ヤマ場」に盛り込み、少しくわしく、読み手に伝わるように整理することが必要ですね。そう、あの「5W1H」で具体的な「体験事例」を考えてみましょう。

- **いつ**：昨年の冬（十二月頃）
- **どこで**：通学途中のバスの中で
- **だれが**：腰の曲がったお婆さん
- **なにを**：席を譲る
- **どのように**：「ありがとう」の言葉
- **なぜ**：私の方が「ありがとう」の気持ち

◆手順の3：「文」の組み立て

「主題」と「素材」が決まったら、次は**「文の構成」**です。「書き出し」から「つなぎ」イメージで、「ヤマ場」へ。そして「結び」といった起承転結の流れをしっかり組み立ててみましょう。

ここでは、オーソドックスに「時」から入ることにします。

（起）

私が中学二年生だった昨年の冬のことです。バレーボールの部活動を終え、友達と別れた私は、疲れた脚を引きずるようにして重いスポーツバッグを背負い、いつものバスに揺られながら家路に向かっていました。

これで、大体一〇〇字程度です。あまり「書き出し」の部分をだらだらと書くのではなく、簡潔にまとめるのがコツですね。短文の積み重ねということにも注意しましょう。

（承）

三つ目の停留所で、ラッキーなことに前の席が空き、私は倒れこむように座って眼を閉じました。急に睡魔が襲ってきました。私の家近くの停留所までは、あと一時間ほどあります。私は、とにかく眠りたかったのです。

ここは、次の「ヤマ場」への布石です。一〇〇字ほどですね。

（転）

「ガタン」。そんな音がしたと思います。バスの車体が大きく揺れました。私は、そのショックから眼が覚めました。「いけない。乗り過ごしたかな」という思いが頭をかすめます。「お嬢ちゃん、バッグが転げてるよ」。目の前で、腰の曲がっ

たお婆さんが声をかけてくれ、私はあわてて荷物を引き寄せました。バスの車内は、まだ通勤帰りの人たちで混んでいます。皆の視線が自分に一斉に注がれるようで、私は顔が一気に火照るのを感じました。お婆さんはにこにこと笑っています。「あ、すみません。どうぞ」。私は立ち上がりながら、お年寄りに席を譲らずに寝入っていた自分を責めていました。「いいよ、いいよ。疲れて寝ていたんでしょ」。老婆はしわくちゃな手を振って、席に座ろうとはしません。でも、バスを降りる時になって、やっと座ってくれた彼女は、「ありがとね」と大声で言ってくれたのです。

これで、四〇〇字弱ですね。

（結）

その言葉を背にして歩きながら、私は一人で感動していました。「ありがとう」を言うのは、あの老婆ではなく、逆に自分だったような気がしたからです。「ありがとう」。私はこの言葉が大好きになりました。私はこれからも、この「ありがとう」を大切にしていくつもりです。

一五〇字ほどでまとめました。この作文は全体で七五〇字くらいになりますが、入試では最低でも与えられた字数の八～九割は書かなければなりません。字数があまりにも少ないと、確実に評価は低くなります。逆に字数のオーバーは、0点という学校もありますから、「字数の条件」に沿った「文の組み立て」には、十分に留意しましょう。

この作文課題では、「自分像」を描くことがメインとなります。この「自分像」が好印象で学校側に伝われば、「作文」としては大成功ですね。手順の5は、省略します。

第6日…テーマ別基礎演習②――「中学生活」課題

この課題も、過去にかなりの頻度で出題されているものです。

【作文課題②】：「中学校生活で心に残ったもの」（八〇〇字／六〇分）

図10にあるように、ここでは「五感描写」を意識的に盛り込んでみましょう。手順に沿ってやってみてください。

◆手順の1：「主題」の設定

中学校では、「部活動や文化祭」、それに「修学旅行」など、さまざまな行事があったと思います。その中から、特に印象が強い「心に残った」ものを取り上げてみましょう。

ここでは、「**マラソン大会での出来事**」、これを「主題」に書いてみます。

◆手順の2：「素材」の選択

なぜ、印象に残ったのか、それを明らかにする「材料」選びです。場面はマラソン大会であったとしても、その中で繰り広げられた「自分との闘い」や「友情」など、読み手に伝わる「素材」の質が問われます。

ここでは、弱気になる自分を奮い立たせながら、家族や友達の応援で三位にくい込む健闘をみせた「私」を取り上げます。

◆手順の3：「文」の組み立て

演習①では、「時」からでしたが、ここでは、「**場面**」から書き出す形を学びましょう。

（起）

「パーン」と、ピストルが鳴った。緊張していたせいか、少しスタートが遅れた。皆は、どっと勢いよく飛び出して行く。その集団に押されて、立ち止まるような感じになった。「ヤバイ！」。そう思うが、前の走者群に道をさえぎられるかっこうだから、思うように走れない。脚がもつれる。自分のリズムをつかめないまま、三キロほど走った。

図10　第6日：テーマ別基礎演習②

【作文課題②】：「中学生活で心に残ったこと」　**「中学生活」の課題**

①主題の設定 ← ●「部活動」「修学旅行」「文化祭」など、中学生活の中で「心に残った」出来事を思い出してみよう！

②素材の選択 ← ●**「マラソン大会」**で、3位にくい込んだ。これを「素材」に五感描写に挑戦してみよう！

③文の構成 ← ●この場合は、すぐに**「場面」**から入った方が臨場感が増す！つまり、**「転」**から書き出す方法。

「パーン」と、ピストルが鳴った。緊張していたせいか、少しスタートが遅れた。皆は、どっと勢いよく飛び出して行く。その集団に押されて、立ち止まるような感じになった。「ヤバイ！」。そう思うが、前の走者群に道をさえぎられるかっこうだから、思うように走れない。脚がもつれる。自分のリズムをつかめないまま、三キロほど走った。

☆**五感描写**：視覚（目がかすみ始めた）・触覚（汗でランニングがぬれる）・味覚（しょっぱい味の汗）・嗅覚（新緑の匂い）・聴覚（「頑張れ」という応援の声）

スタートの瞬間の場面から書き始めていることで、読み手はすぐにその場の状況に入り込むことになります。たたみ込むような文章で、リズム感を出しましょう。

（承）

沿道に人が集まり始めていた。結構この「マラソン大会」は、市民の関心が高い。母も妹を連れて見に来ているはずだ。どのぐらいのところに自分がいるのかがわからないのは、かなり不安だった。やはりスタートでの失敗が尾を引いたのか、先頭集団はだいぶ先のように見えた。

入試作文では、「二段落構成」で、という条件で書かせる学校もあります。その場合は、この「承」の部分を「起」と一緒にしてまとめるとよいでしょう。

これで三〇〇字弱くらいですね。

（転）

やっと折り返し地点から回ってくる選手たちが、見えてきた。一人二人、三人と数えていたら、もう十人以上にもなった。こ

のままでは、入賞にも及ばない。少しピッチを上げることにした。往路の最終が目前に迫った。「よし、ここからが勝負だ」。そう思った時、右の脚首に鋭い痛みが走った。どうも昔の古い傷が頭をもたげたらしい。「くそ!」。額から汗がしたたり落ちて唇をぬらす。しょっぱい。眼にも汗が入りそうになり、手のひらでぬぐう。五月新緑の季節だというのに、今日は温度も湿度も高い気配だ。ランニングも汗で背中に張り付いている。痛みを我慢しながら、何人かを追い抜いた。でも、まだ先頭は見えない。「良太!」「お兄ちゃん」と呼ぶ声が、ふと聞こえた。母と妹が、身を乗り出すようにして旗を振っていた。ちょっと勇気が出た。先頭集団が見えた。もう少しだ。でも、無理な体勢で走っていた身体は、思うようには動かない。その時、「良くん。がんばって」という聞き覚えのある声が飛んできた。「あれっ、あの声は」と、思うとA子だった。彼女とは、小学校時代に机を並べた仲だったが、中学に入り別々になった。「見に来てくれたんだ」。そう思うと、急に身体が軽くなった。

(結)

校庭でのラストスパートで、僕は何とか三位にくい込んだ。

このように、最後の「結び」は、たったの一行でもかまいません。ここで、変な感想やまとめの言葉を述べるよりは、はるかに余韻が残る効果があります。「転と結」で、五〇〇字程度ですね。

八〇〇字というと、そのボリュームに圧倒されて「なかなか書けない」と、悩む人がいますが、それは「説明文」でまとめようとするからです。言葉や文章のみで終始するのではなく、「場面」で説明するつもりで、その時の情景を「心象」を含めくわしく描くことがコツです。例文を参考に、ぜひ練習をしてみてください。

第7日…テーマ別基礎演習③——「高校生活」課題

この課題も、全国の高校入試作文でよく出題されます。

【作文課題③】：「高校生活に期待すること」
（六〇〇字／五〇分）

六〇〇字と、前の課題と比べて短くなっています。

図11にあるように、ここでは「会話文」から始める文章のまとめ方に挑戦してみましょう。慣れてくると、いつもの「会話」で書けるので、場面描写も自然にできるようになります。

◆手順の1：「主題」の設定

まだ経験してはいない「高校生活」をイメージしながら、入学したら「こんなことをやりたい」といった抱負や希望が中心となるでしょう。抽象的なものではなく、できるだけ具体的な思いを形にして語ることが大切です。

ここでは、「**部活動**」での抱負を取り上げます。

◆手順の2：「素材」の選択

先輩や友達、先生方から得た「学校情報」や、「学校訪問」などで実際に自分が見た生の情報をあわせ、「高校に入ったらこんなことをやりたい」というものをリストアップしましょう。

将来の「自分の夢」につながるような、広い視野を持った「希望や抱負」を学校側が期待していることは確かです。その「課題意図」を念頭に、適切な「素材」を選ぶことがポイントです。

◆手順の3：「文」の組み立て

ここでは、「臨場感」が増す、「会話文」から始まる文章にチャレンジしてみましょう。起承転結の基本型は変わりません。

（起）

「高校に入学したら、何部に入る?」。部活動仲間のAと、最近そんな話で盛り上がったことがある。「オレは、絶対に野球部だな」という彼に、僕は「オレは、サッカーでもやろうかな」と答えていた。

図 11　第 7 日：テーマ別基礎演習③

【作文課題③】：「高校生活に期待すること」

「高校生活」の課題

① 主題の設定
●「高校生活」で「こんなことをやりたい」という「抱負」を具体的に語る。

② 素材の選択
●高校では「サッカー」をぜひやりたい。中村△△が目標だ！

③ 文の構成
●友達や両親との「会話文」から書き出すのも、読み手を引きつける効果がある！

　「高校に入学したら、何部に入る？」。部活動仲間のAと、最近そんな話で盛り上がったことがある。「オレは、絶対に野球部だな」という彼に、僕は「オレは、サッカーでもやろうかな」と答えていた。
　確かに、子供の頃からサッカーは好きだった。中学では、先輩から勧められるまま「陸上部」に入ってしまったが、チームワークで勝ちに行くサッカーには、とても関心があった。

☆**「会話文」効果**：
会話文を場面にはさむことで、
登場人物の人物像などがイメージでき、
「臨場感」に結びつく。

友達のAを登場させることで、単なる「希望や抱負」を一人称で語る限界を超えることができます。「友達とこんな会話ができる」というメッセージも同時に発し、「会話文」は、読み手にその場のイメージを具体的に想起させる大きな効果があります。

（承）

確かに、子供の頃からサッカーは好きだった。中学では、先輩から勧められるまま「陸上部」に入ってしまったが、チームワークで勝ちに行くサッカーには、とても関心があった。

「起と承」で、二〇〇字弱でおさえました。六〇〇字作文のバランスとしては、この程度にしたほうが安定します。

（転）

サッカーのA国1部リーグ、〇〇で大活躍する、日本代表MFの中村△△。僕は彼の大ファンだ。あのボールさばきと、瞬時にゲーム状況を判断して動く天才的司令塔が、いま「恥骨結合炎」の疑いで代表選にもれるかもしれないという。××年のB国W杯最終予選のヤマ場、六月のアウェー2連戦に向けてのオールジャパンが大ピンチなのだ。もちろん彼には全然及ばな

いが、高校に合格したら絶対に「サッカー部」、そう決めている。夏休みの学校訪問の時も、真っ先にグラウンドで汗を流す先輩たちを見に行った。「ファイト」と声をかけ合いながら、ひたすらボールを追いかける姿がまぶしかった。

まだ、経験の場面は書けないので、「中村△△」という人物を取り上げ、学校での先輩たちの様子を付け加えてみました。これで、三〇〇字弱です。

（結）

あのブルー縞の入ったユニフォームに、早く袖を通したい。そんな思いでわくわくしながら、僕は「合格」の瞬間を待っている。

最後の「結び」は、高校生活への「期待感」を前面に出して終わりたいところです。ここも、あまりだらだらと思いをつづる必要はありません。簡潔に一～二行くらいで締めくくりましょう。これで、一〇〇字弱ですね。

ところで、「作文」の表記には「数字は漢数字で書く」というルールがあります。本文の中で、漢数字を使っていないところは、わかりやすくするための例外的措置です。入試作文ではミスとして許されない範囲になるので、特に注意してください。

■作文の評価について

公立高校の「課題作文」の場合は、「国語」問題の一つとして出題されます。評価については、全国一律ではなく、それぞれの都道府県で異なりますが、大体12～18点範囲での配点です。「評価の観点」は、大まかに次の内容でなされます。

	評価の観点		よい	普通	劣る
1	内容 構成	①「題名」が内容とふさわしい。 ②具体的な例と考えを区別して述べている。 ③二段落構成である。	10点	5点	3点
2	表現 叙述	①内容の述べ方、表現のしかたに工夫が見られる。 ②言葉の使い方が適切である。	5点	3点	2点
3	表記 など	漢字、かなづかい、くぎり符号などを適切に使っている。	3点	2点	1点
18点／100点満点					

＊「作文」評価の例（A県）

第2講 小論文

一週間で仕上げる、図解「合格小論文」対策

第1日…入試で求められる「小論文」の3要素と文の構成

「小論文」は、最近多くの学校で採用されてきている注目課題ですが、それまでは主に「意見文」という形でした。

大学入試の影響で「小論文」課題が増える？

この流れは、大学入試の変化に対応していると考えてよいでしょう。

つまり、少子化の波を受けて、「大学全入時代」を迎えつつあります。全国の大学の入学定員の総数と、全国の大学受験者の総数がほぼ同じになるということ、それが大学経営上、最も大きな課題としてクローズアップされてきています。

産業界でも「勝ち組・負け組」という状況が生まれていますが、大学でもそのような動きが急激に広がってきました。

簡単に言いますと、「受験生が黙っていても集まる大学と、集まらないで倒産に追い込まれる大学」との二極分化です。

ですから、今大学では、受験科目の負担を少なくする「AO入試」や、推薦入試などの前倒し方式で受験生集めに必死です。そして、その切り札が、この「小論文」入試なのです。

将来の「進学や就職」の場面でも、この「小論文」が試されてくることは、しっかりと覚えておいてほしいと思います。

入試で試される「小論文」課題の3要素

第1講の「作文」課題と同じように「小論文」にも、大事な要素が三つあります。**図12**を参照してください。

第一に「**要旨**」、第二に「**なぜ、そう考えるのか**」という

図 12　第 1 日：入試で求められる「小論文」の 3 要素と文の構成

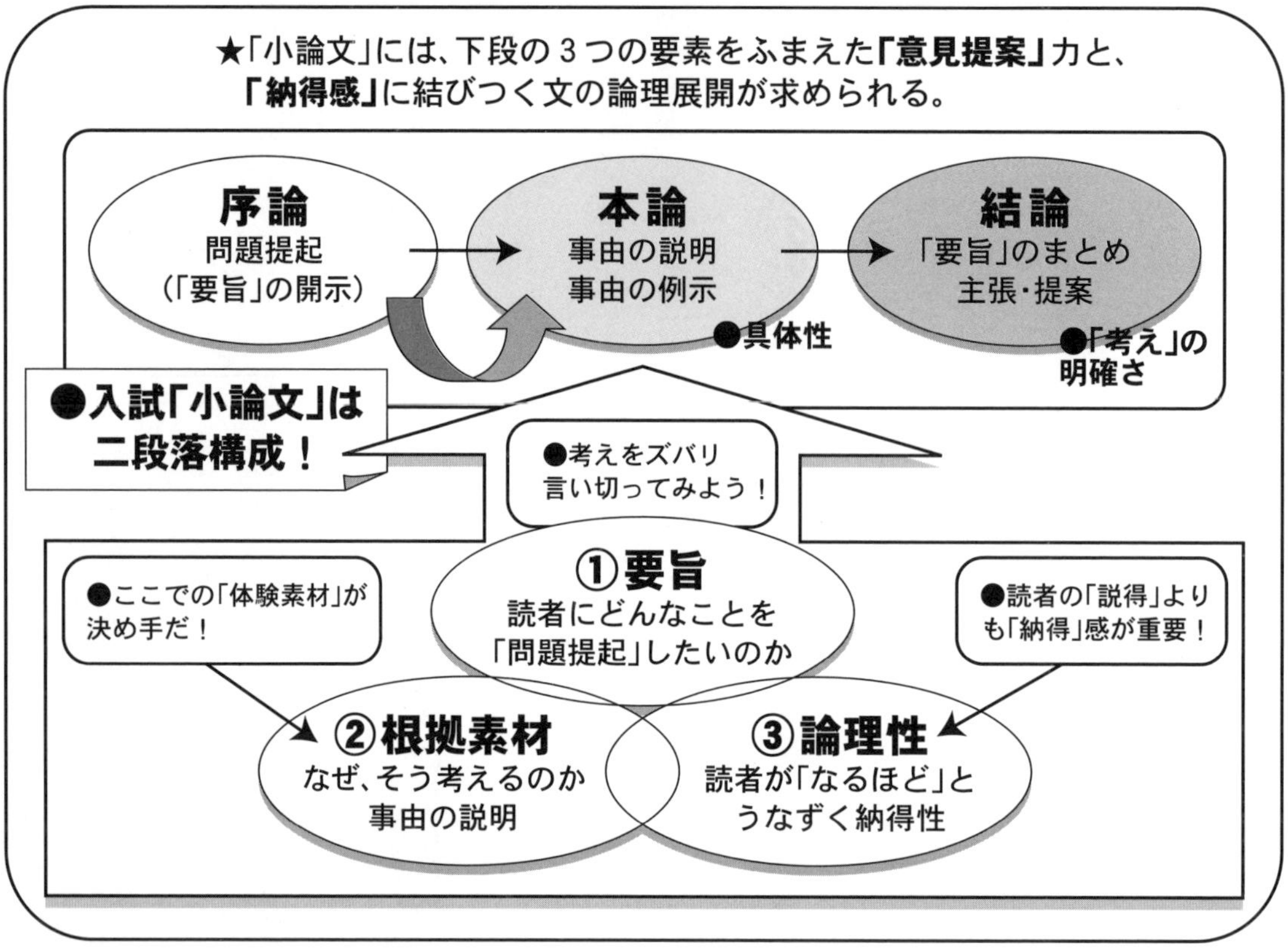
★「小論文」には、下段の 3 つの要素をふまえた「意見提案」力と、
「納得感」に結びつく文の論理展開が求められる。
序論
問題提起
（「要旨」の開示）
本論
事由の説明
事由の例示
●具体性
結論
「要旨」のまとめ
主張・提案
●「考え」の
明確さ
●入試「小論文」は
二段落構成！
●考えをズバリ
言い切ってみよう！
①要旨
読者にどんなことを
「問題提起」したいのか
●ここでの「体験素材」が
決め手だ！
●読者の「説得」より
も「納得」感が重要！
②根拠素材
なぜ、そう考えるのか
事由の説明
③論理性
読者が「なるほど」と
うなずく納得性

「**根拠となる事例素材**」、そして、読み手に「**なるほど**」とうなずかせる「**論理性・納得性**」です。このように、「小論文」には以上の三つの要素を踏まえた「意見提案」力と、読後の「納得感」に結びつく論理の展開が求められるのです。

「**要旨**」とは、説明的文章に使われる言葉で、文学的文章の「**主題**」とほぼ同じ意味です。つまり、「**自分が読み手にどんなことを主張したいのか**」、その意見や提案を指します。

たとえば、「携帯電話は必要か」という課題が与えられたとします。そのときに、「必要だ」または逆に「必要ではない」という意見が求められるでしょう。これが「要旨」に当たりますね。ですから、「主題」と同様、これは一つです。

「必要でもあり、必要でもなし」といった書き方では、入試という場面では全く通用しません。自分の考えを「**ズバリ言い切る**」といったシンプルさを心がけることが大切です。

「**事例素材**」、これは意見や提案の根拠を示す最も大事な要素です。「**なぜ、そう考えるのか**」といった、論理の裏づけをする内容で、「**本論**」の中心素材となります。ここが貧弱だと、最後の「結論」が弱くなり、与える印象も薄くなってしまいます。作文と同様に、小論文もやはり「材料」しだいなのです。

次に「**論理性**」。これは「**筋道の通った**」文章ということです。事実と意見をしっかりと分けて、読み手にわかりやすい文章を組み立て、最後に「**納得感**」を与える要素ですね。

文の構成は、「序論・本論・結論」が基本

図にあるように、これらの三つの要素を踏まえて、「小論文」では、「序論・本論・結論」といった文の構成が求められます。

●**序論**‥導入部。課題に対する「**問題提起**」や自分の意見提示を書く
●**本論**‥序論を受けて、その根拠となる「**問題の例示**」や「**問題の理由**」を書く
●**結論**‥締めくくりとなる「**問題のまとめ**」。「**要旨**」を再確認する形で書く

たとえば、「携帯電話は必要か」の課題。**序論**では、ズバリと「必要ではない」と言い切ったとします。同時に「**問題提起**」をするとすれば、「コミュニケーションの道具として、もっと大切なものがあるのではないだろうか」などという、自分の考えを提示する形がありますね。

そして次の「**本論**」では、それを受けて、「**なぜ、そう考えるのか**」を読み手に伝えます。ここで注意してほしいのは、自分の意見と「**反対の意見**」を何らかの形で必ず盛り込むことです。（これは後の第2章（実戦編）でもやります。）

たとえば、

確かに、携帯電話は便利で持っていて楽しいかもしれない。メル友といつもやり取りをしている友人の山田は、携帯電話がない生活は絶対に考えられない、などと言うが、昔の中学生はこれがなくても立派に生活していたはずだ。

などと、別の角度からの視点を加えることで、論理に厚みが出てくる効果があるからです。それを受けて、

実は、私は、持っていた携帯電話をなくしたことがある。家族との連絡、友達とのメールや電話番号。そういった今までのすべての記録が、一瞬にして消えてしまったのだ。

と「携帯電話のリスク」などに持っていく方法もありますね。そして「**結論**」では、「**問題のまとめ**」をします。たとえば、

それ以来、私は携帯電話を持っていない。経済的な理由もあるが、何かせいせいした気分で毎日を過ごしている。便利だからと機械に頼るよりも、やはり自分の頭や身体に中学生活は残しておきたい。皆も早くそれに気づいてほしいものだ。

と締めくくれば、「携帯電話は必要ではない」という「要旨」があらためて確認できる形になります。

第2日…過去に出された「小論文」課題の傾向と対策

過去の「小論文」課題テーマは、3パターン

では、今までに出された「小論文」の課題テーマを見てみましょう。これは、**図13**からもわかるように、「作文」課題とほとんど重なります。大きく違うのは、③の「時事・社会に関すること」が目立つぐらいですね。

でも、「小論文」は作文とは異なり、自分で考えたオリジナルな「意見や主張」をはっきりと読み手に伝えなければなりません。さらに、読み手が「なるほど」とうなずく「説得性・納得感」も要求されます。ここが作文とは違い、日頃からの「問題意識」の持ち方が問われるところです。

3大テーマは、次のようなものです。

①自分の身の回りに関すること：「共通語と方言」「自然を守る」「ボランティア活動」「地域の人たちから学んだこと」など

②学校の中に関すること：「学校の図書館に、マンガを置くべきではない」「恩師への手紙は、ワープロではなく、手書きの方がよい」など

③時事・社会に関すること：「男女が共に協力し合う社会について」「国際化が進展する社会に生きる私」「青少年の人生観」など

いずれも、よく出されるテーマですが、学校によって傾向が違う場合が多いようです。自分が志望する学校の傾向を調べ、その傾向に合わせた練習が効果的でしょう。また、クラス討論や新聞の投書欄などを読み、自分の意見や主張を検証する場面も大切ですね。

入試「小論文」の出題形態は、4パターン

次に、「小論文」が出される出題の形についてですが、これは大きく四つに分けられます。

●テーマ「小論文」型

：「地球と人間」などのように、「課題」のみの出題

図13　第2日：過去に出された「小論文」課題の傾向と対策

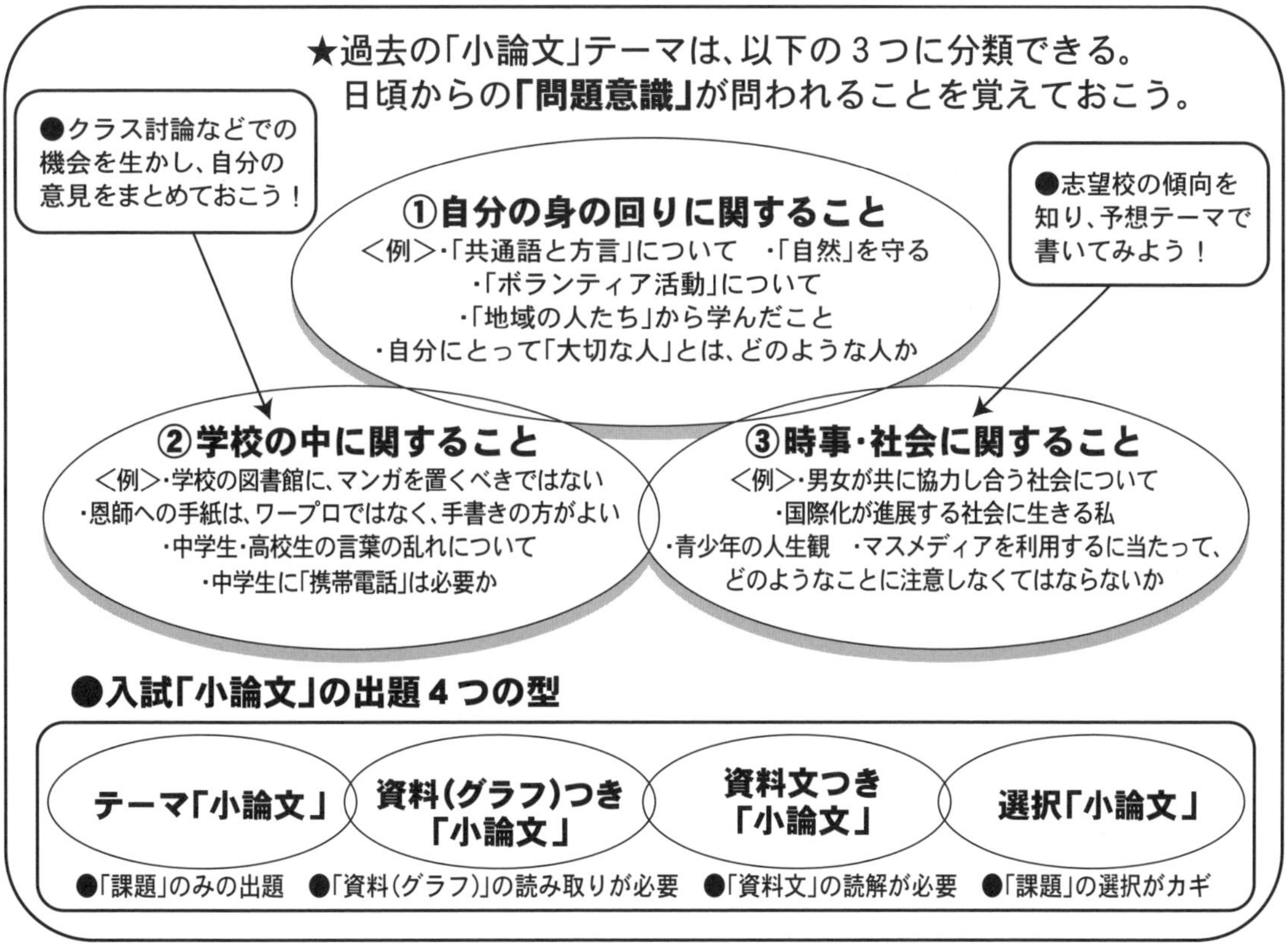

★過去の「小論文」テーマは、以下の3つに分類できる。
日頃からの「問題意識」が問われることを覚えておこう。
●クラス討論などでの機会を生かし、自分の意見をまとめておこう！
●志望校の傾向を知り、予想テーマで書いてみよう！
①自分の身の回りに関すること
＜例＞・「共通語と方言」について　・「自然」を守る
・「ボランティア活動」について
・「地域の人たち」から学んだこと
・自分にとって「大切な人」とは、どのような人か
②学校の中に関すること
＜例＞・学校の図書館に、マンガを置くべきではない
・恩師への手紙は、ワープロではなく、手書きの方がよい
・中学生・高校生の言葉の乱れについて
・中学生に「携帯電話」は必要か
③時事・社会に関すること
＜例＞・男女が共に協力し合う社会について
・国際化が進展する社会に生きる私
・青少年の人生観　・マスメディアを利用するに当たって、どのようなことに注意しなくてはならないか
●入試「小論文」の出題４つの型
テーマ「小論文」
資料（グラフ）つき「小論文」
資料文つき「小論文」
選択「小論文」
●「課題」のみの出題
●「資料（グラフ）」の読み取りが必要
●「資料文」の読解が必要
●「課題」の選択がカギ

●資料（グラフ）つき「小論文」型
：グラフなど、「資料」の読み取りが必要とされる

●資料文つき「小論文」型
：与えられた「課題文」の読解が求められる

●選択「小論文」型
：いくつかの「課題」の中から選択して書く

この中で最も多く出される型は、「資料読図」や「資料文読解」を同時に課すものですが、これも志望校の傾向があるようです。しっかりそれに焦点を合わせて準備する必要があるでしょう。

入試小論文「課題」に対する対策

作文と同じように、やはり前もっての対策は必要ですね。「小論文」の場合は、学校によって異なりますが、大体六〇〇～八〇〇字の間で、二段落構成を条件に書かせるケースが目立ちます。「序論・本論・結論」の組み立てをくずさずに、字数のバランスを取ってメリハリのきいた文章が「合格」に結びつきます。

ふだんから本や新聞をよく読み、特に出やすい「環境問題や情報化社会」など、注目の「時事テーマ」については、「自分の意見」と「体験事例」とをセットで考え、一緒に整理しておくとよいでしょう。なお、巻末に紹介した「**テーマプロセス整理シート**」は、入試直前の整理に役立ちます。

第3日…「主題文」の設定と「論述の根拠」の明示

さて、今度は「主題文」の対策ですね。名前からくるイメージで、少し難しい感じがするかもしれませんが、基本的な内容は「作文」と一緒です。決して怖れたり、心配する必要はまったくありません。

図14にあるように、**「小論文」執筆作業の第一は、まず「主題文」を決めること**です。これは、「作文」の場合と同じように、自分の主張や意見の立場・スタンスをはっきりと定めるということです。

これがきちんと読み手に伝わるように設定されていなければ、論点があいまいとなり、その後の展開も論理性を欠き、読後の「説得・納得感」は得られません。当然、評価は低いものとなります。

では、小論文課題「**公共の電車内での中学生のマナー低下**（大きな声・飲食など）**について、どう思うか**」を例に、具体的に「主題文」を書く作業をやってみましょう。

「主題文」を書くコツは、「自分はこう考える！」ということをズバリと言い切ることに尽きます。ですから、この「課題」の場合は、「そう思う」と、「いや、そうは思わない」のどちらかで「主題文」を書くことになります。

「どちらでもない」という中間的な意見を持つ人もいるかもしれませんが、入試小論文の場合は、**「できるだけシンプルに自分の意見や主張を述べたほうがわかりやすい」**という側面がありますから、中間的な意見は避けたほうが賢明でしょう。もちろん、どんな立場の「主題文」でも、それで減点対象となることはありません。

ここで、「YES（マナーの低下だと思う、に賛成）」の立場で「主題文」を書くとすれば、次のようになるでしょう。

「確かにそうだ。中学生のマナーの低下は、目をおおうばかりだ」。

「論述の根拠」の明示

次は、**「主題文」の立場に沿った「なぜ、そう考えるのか？」といった、「論述」の根拠を明らかにする作業**です。これも、できるだけシンプルに、具体的でわかりやすい事例を取り上げる必要があります。

図 14　第 3 日：「主題文」の設定と「論述の根拠」の明示

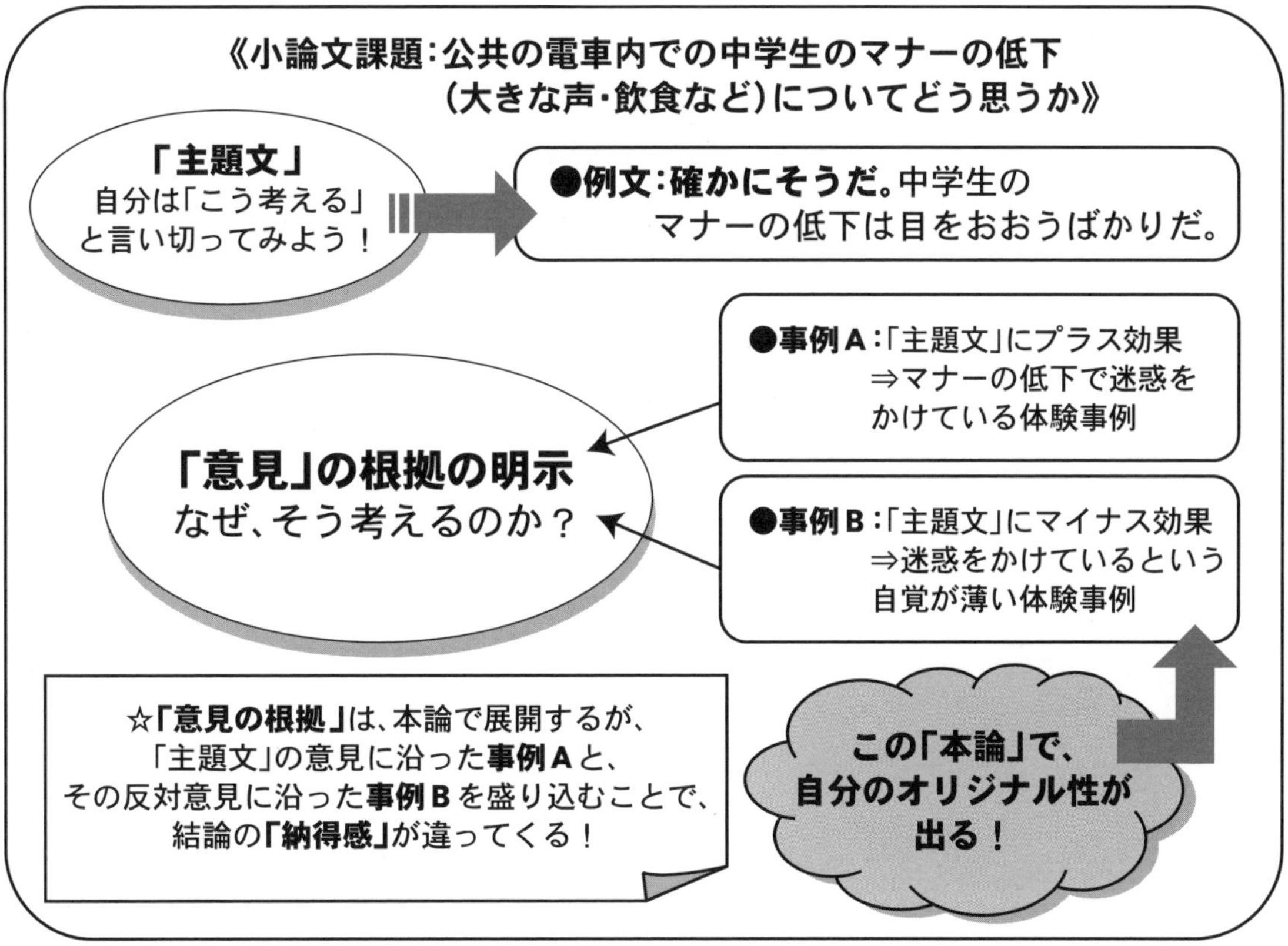

《小論文課題：公共の電車内での中学生のマナーの低下
（大きな声・飲食など）についてどう思うか》
「主題文」
自分は「こう考える」
と言い切ってみよう！
●例文：確かにそうだ。中学生の
マナーの低下は目をおおうばかりだ。
●事例A：「主題文」にプラス効果
⇒マナーの低下で迷惑を
かけている体験事例
「意見」の根拠の明示
なぜ、そう考えるのか？
●事例B：「主題文」にマイナス効果
⇒迷惑をかけているという
自覚が薄い体験事例
☆「意見の根拠」は、本論で展開するが、
「主題文」の意見に沿った事例Aと、
その反対意見に沿った事例Bを盛り込むことで、
結論の「納得感」が違ってくる！
この「本論」で、
自分のオリジナル性が
出る！

このさい、特に留意することとしては、次ページ**図15**にあるように「**一方的で独断的な意見や主張は避ける**」という大原則です。つまり、内容のバランスを図りながら論拠に厚みを出して、「納得感」につなぐという配慮ですね。

ですから、**自分の意見や主張とは反対の事例を必ず盛り込むこと**を、決して忘れないようにしてください。

例題の「意見の根拠」となる事例も、できるだけ「実際に自分が体験したもの」を取り上げることを勧めます。作文と同様に、ここで自分しか言えないオリジナルな切り口が可能となるからです。これは絶対に他の受験生がマネのできない領域です。

たとえば、事例Aと事例Bは、次のようにとらえるとよいでしょう。

〈事例A〉：「主題文」にプラス効果を与えるもの

バスに乗り込むときの「割り込み乗車」や車内での携帯電話のやりとり、席の占領など

〈事例B〉：「主題文」にマイナス（異なる視点）効果を与えるもの

あまりマナーを意識していない中学生、誰も大人が注意してくれない「意識の低さ」など

もちろん、例文とは異なる「反対の主題文」があり、その論拠となる「反対の事例」を書くことも一向にかまいません。た

図 15 「意見の根拠」の明示

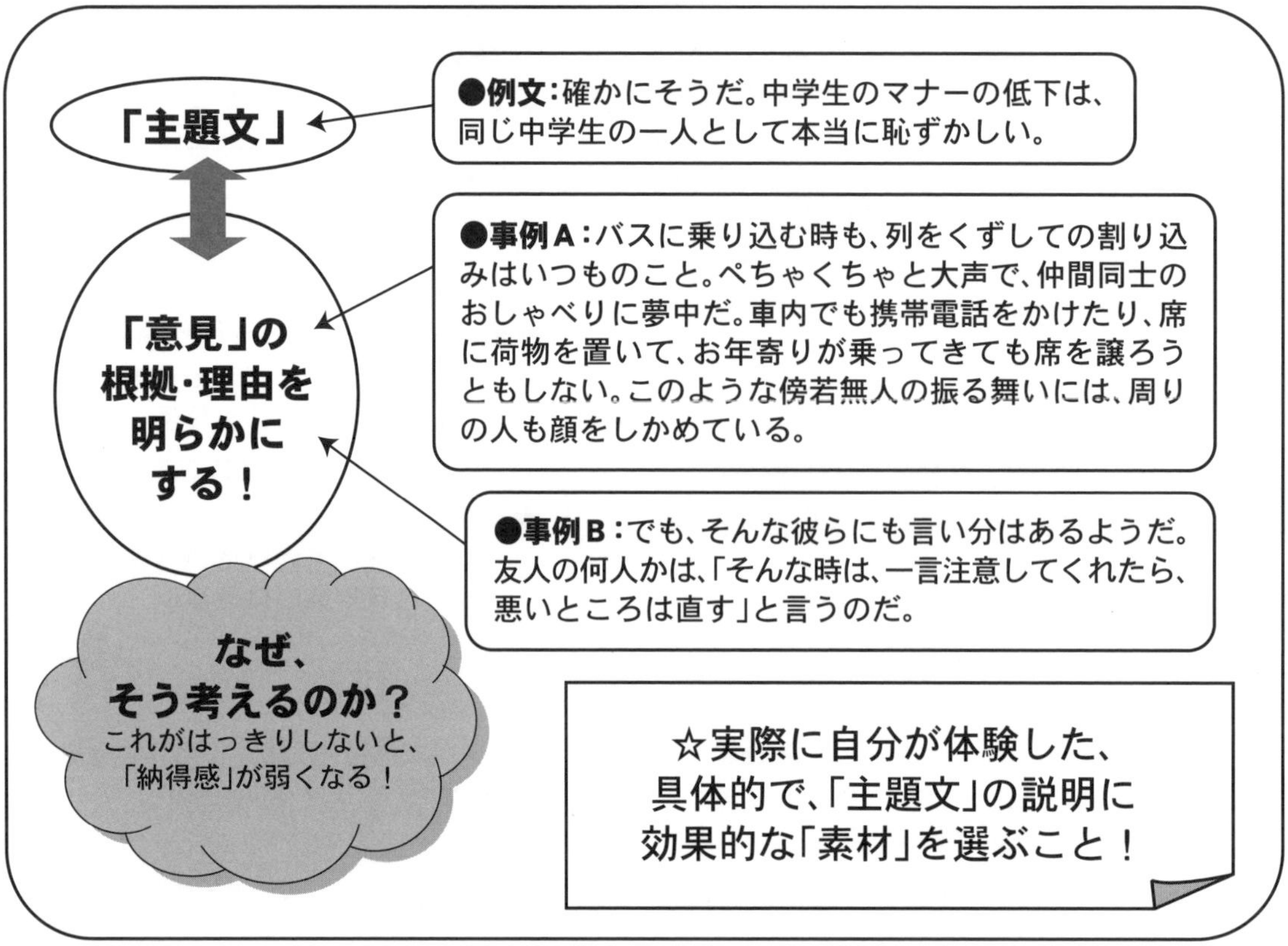
「主題文」
「意見」の根拠・理由を明らかにする！
なぜ、そう考えるのか？
これがはっきりしないと、「納得感」が弱くなる！
●例文：確かにそうだ。中学生のマナーの低下は、同じ中学生の一人として本当に恥ずかしい。
●事例A：バスに乗り込む時も、列をくずしての割り込みはいつものこと。ぺちゃくちゃと大声で、仲間同士のおしゃべりに夢中だ。車内でも携帯電話をかけたり、席に荷物を置いて、お年寄りが乗ってきても席を譲ろうともしない。このような傍若無人の振る舞いには、周りの人も顔をしかめている。
●事例B：でも、そんな彼らにも言い分はあるようだ。友人の何人かは、「そんな時は、一言注意してくれたら、悪いところは直す」と言うのだ。
☆実際に自分が体験した、具体的で、「主題文」の説明に効果的な「素材」を選ぶこと！

だ、どんな場合でも作文と同様に「文章は素材」で決まります。その意味で、どちらにも使用可能な「主題文の論拠」となる体験材料だけは、たくさんそろえて準備しておいた方が勝ちです。

ふだんから「これは使えそうだ」という体験事例を整理しておくことが「合格小論文」を書く、最大のポイントです。

「意見・提案」の絞り込み

前の「論述の根拠」を受けて、今度は、その**「意見や主張、提案」の絞り込み**に入ることにしましょう。少しくどいようですが、大事なところなのでよく覚えておいてください。

与えられた「課題」は、「中学生の公共の電車内でのマナーの低下」について、どう考えるか？　というものでした。

これに対するものとしては、「YES」、確かにそうだ、という賛成の意見と、「NO」、そんなことはない、この二つの意見に集約できますね。**図16**にあるように、次のような形になるでしょう。

このどちらの側で書いていくのか、その絞り込みが大切になってきます。

■（賛成意見）

確かにそうだ。中学生のマナーの低下は、同じ中学生の一人として本当に恥ずかしい。

図16　第3日：「意見・提案」の絞り込み

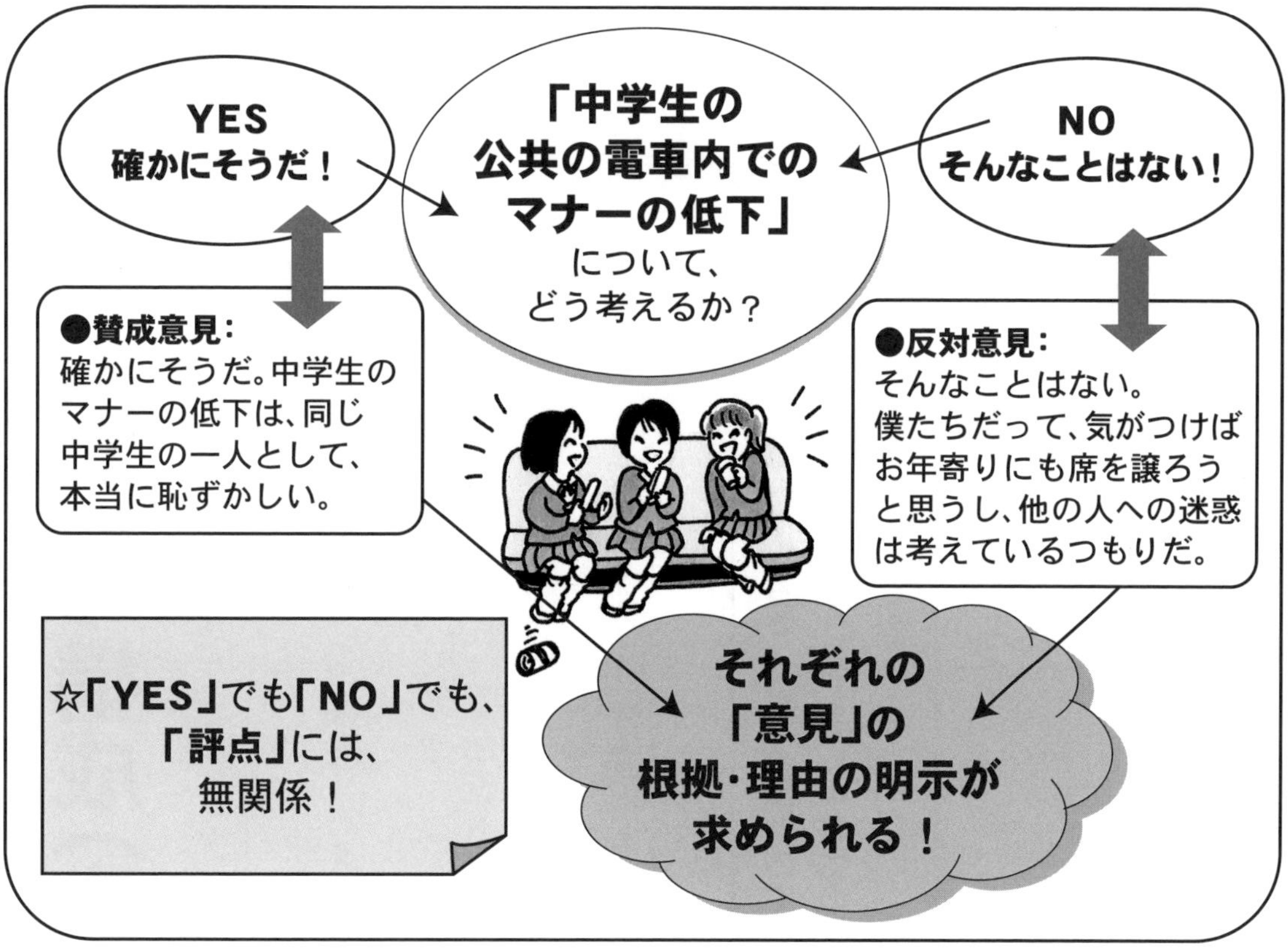

YES
確かにそうだ！
「中学生の
公共の電車内での
マナーの低下」
について、
どう考えるか？
NO
そんなことはない！
●賛成意見：
確かにそうだ。中学生のマナーの低下は、同じ中学生の一人として、本当に恥ずかしい。
●反対意見：
そんなことはない。僕たちだって、気がつけばお年寄りにも席を譲ろうと思うし、他の人への迷惑は考えているつもりだ。
☆「YES」でも「NO」でも、
「評点」には、
無関係！
それぞれの
「意見」の
根拠・理由の明示が
求められる！

■（反対意見）

そんなことはない。僕たちだって、気がつけばお年寄りにも席を譲ろうと思うし、他の人への迷惑は考えているつもりだ。

これらの「意見や主張」を述べるだけではなく、「では、どうすれば解決するのか」という提案を盛り込むことも、建設的な「小論文」として歓迎されます。ぜひ、挑戦してみてください。

「体験事例」から「主題文」を考える、逆転の発想

この場合に、考えてほしいのは、逆に「材料から、意見集約をしてみる」という視点です。つまり、「文章は材料次第」ということを、何度も言っていますが、自分の体験事例から、「あ、これは使えそうだ」というひらめきが働いたとします。その事例が、「YESにつながるものなのか、反対にNOにつながるものなのか」を判断して「主題文」を設定するという、言わば「逆転の発想」ですね。

「課題」例でも、もし「友達の反論に共鳴するもの」があったとしたら、「NO」の反対事例で「主題文」を設定した方が、説得力を増すかもしれません。入試本番では、とにかく時間との勝負になりますから、「**自分の書きやすい形で仕上げる**」、これが一番です。

第4日…「文」の構成（序論・本論・結論）

次は、「文」の構成、組み立てです。
「小論文」には、「序論・本論・結論」といった、基本の形があることは、前にも説明した通りです。
図17の「課題」例に沿って考えてみましょう。

■（序論）：導入部
ここでは、「主題文」の中身である意見・主張を明らかにし、「問題の提起」を図るところです。

確かに、その通りだ。電車内に限らず、公共の場での中学生のマナーの低下は目をおおうばかりだ。同じ中学生の一人として、本当に恥ずかしい。

これを受けて、次の「本論」につなぎます。

■（本論）：論述の中心部
ここでは、「問題の根拠」を示す事例や理由をはっきりと書き込むことが要求されます。「事例A」と「事例B」の二つを必ず入れることも忘れないでください。

図 17　第 4 日：文の構成（序論・本論・結論）

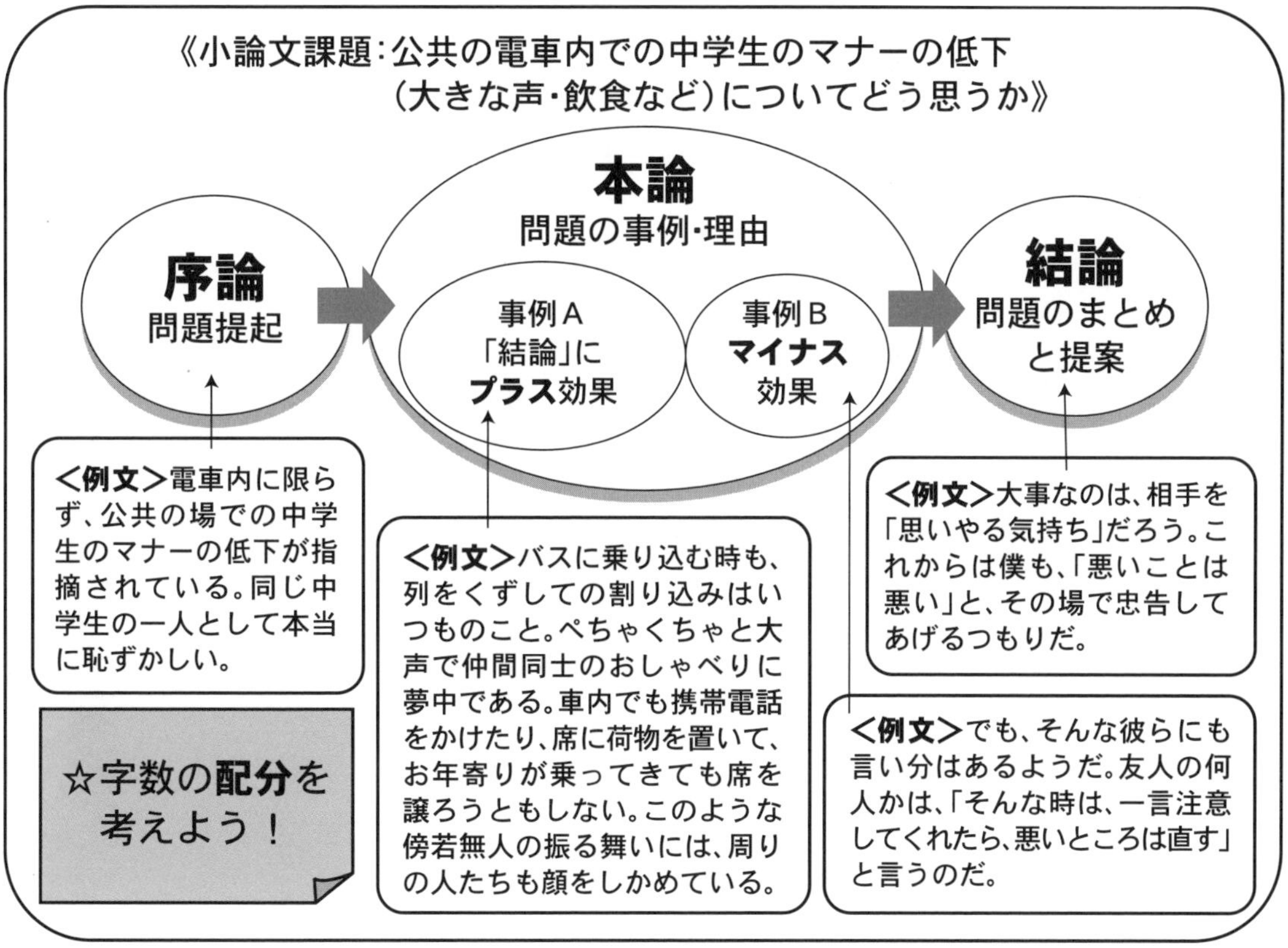
《小論文課題：公共の電車内での中学生のマナーの低下
（大きな声・飲食など）についてどう思うか》
本論
問題の事例・理由
序論
問題提起
事例A
「結論」に
プラス効果
事例B
マイナス
効果
結論
問題のまとめ
と提案
<例文>電車内に限らず、公共の場での中学生のマナーの低下が指摘されている。同じ中学生の一人として本当に恥ずかしい。
<例文>バスに乗り込む時も、列をくずしての割り込みはいつものこと。ぺちゃくちゃと大声で仲間同士のおしゃべりに夢中である。車内でも携帯電話をかけたり、席に荷物を置いて、お年寄りが乗ってきても席を譲ろうともしない。このような傍若無人の振る舞いには、周りの人たちも顔をしかめている。
<例文>大事なのは、相手を「思いやる気持ち」だろう。これからは僕も、「悪いことは悪い」と、その場で忠告してあげるつもりだ。
<例文>でも、そんな彼らにも言い分はあるようだ。友人の何人かは、「そんな時は、一言注意してくれたら、悪いところは直す」と言うのだ。
☆字数の配分を
考えよう！

（事例A）バスに乗り込む時も、列をくずしての「割り込み」などは、いつも見かける光景だ。ぺちゃくちゃと大声で、仲間同士のおしゃべりに夢中である。車内でも、携帯電話をかけたり、席に荷物をおいての占領状態。お年寄りが乗ってきても、まったく目に入らない様子で、席を譲ろうという気配もない。このような、傍若無人の振る舞いには、周りの人たちも顔をしかめている。

（事例B）でも、そんな彼らにも言い分はあるようだ。友人の何人かは、「そんな時は、一言注意してくれたら、悪いところは直す」と言うのだ。集団の時とは違って、一人ひとりは「いい奴」なのである。

最後に、まとめの「結論」です。

■（結論）：まとめ、締めくくり部

やはり、大事なのは、どんな場面でも「相手のことを思いやる気持ち」だ。大人たちができないなら、友人の一人として「悪いことは悪い」と、その場で忠告してあげる勇気が必要だろう。これからは、僕もぜひそうするつもりである。

第5日…テーマ別基礎演習①―「自分の身の回り（自分像）」課題

では、実際に過去に出された「小論文」課題を取り上げて、練習をすることにしましょう。

> **【小論文課題①】：「個性と自分勝手の違いについて」（六〇〇字／五〇分）**

図18を見てください。この「課題」は、第2日の「テーマ小論文」に属するものです。数としては少なくなっていますが、一部の学校では「定番」として出されることが多いので、志望校の対策メニューの一つとして取り組んでみるとよいでしょう。

◆手順の1：「主題文」の設定

ここは、「課題」に対する「意見や主張」の提示。できれば同時に「問題の提起」をするところですね。

つまり、「個性と自分勝手の違い」を明確にし、自分の身の回りにある、その事例を通して「これからの自分」はどう行動していくのか、その「考え」を最初に提示することが求められます。課題にある両者の「違い」についての「説得・納得」性がカギです。

例文では、次のようにまとめてみました。これは、序論でも使えます。

> **個性と自分勝手は、明らかに違うものだ。個性とは、「周りの人たちに迷惑をかけない」といった行動や態度に裏打ちされたものではないだろうか。一方、自分勝手は、その反対側にあると、僕は考える。**

◆手順の2：「意見の根拠」の明示

第3日のところで述べたように、ここは実際に自分が体験した「事例」を選ぶ作業です。「主題文」での違いの根拠となる「個性と自分勝手は、ここが違う」という出来事を、今までの中学生活の中から取り上げてみましょう。

たとえば、事例Aと事例Bは、こんな人物や場面を持ってくることも効果的かもしれません。

図 18　第 5 日：テーマ別基礎演習①

【小論文課題①】：「個性と自分勝手の違い」について　**「自分の身の回り」課題**

序論
意見の提示
問題の提起

個性と自分勝手は、明らかに違うものだ。個性とは、「周りの人たちに迷惑をかけない」といった行動や態度に裏打ちされたものではないだろうか。一方、自分勝手は、その反対側にあると、僕は考える。

本論
意見の根拠
事由の例示

クラスで、授業中に突然騒ぎ出すＡという男子生徒がいる。奇声を発し、時には踊り出すこともある。これは退屈な授業に限られるが、周りから「いいぞ、もっとやれ！」などと声をかけられると、本人は得意満面。クラスの人気者を演じている。もちろんその間は授業は中断し、先生は苦虫を噛み潰したようになって注意はするが、本人は「これは、オレ流だ」などと言ってはばからない。「あいつは、個性的だ」と評する友達も多いが、僕はそうは思わない。「自分勝手」の単なる目立ちたがり屋、と僕には映る。

機会があれば、「お前、それは違うよ」と言ってやりたいが、自分勝手を個性と勘違いしている本人は、周りの迷惑には気がつかず、自分の世界にどっぷりと漬かっている。でも、授業以外の学校や対外的なイベントには、Ａは欠かせない存在だ。場を盛り上げたり、皆の興味を引くパフォーマンスは一目おいてもよい。結構役立つ場面も多いのだ。

結論
意見のまとめ
提案・決意

確かに、個性と自分勝手は、その意味では紙一重と言えるかもしれない。しかし、何事でもそうだが、「周りに迷惑をかけない」という差は大きい。我が身を振り返り、僕も自分の行動や態度がそうなってはいないか、改めて見直していきたい。

■（事例A）：「主題文」の根拠を示すのに、プラス効果をもたらすもの

クラスのAという男子生徒。授業中に突然騒ぎ出す。本人は「オレ流の授業の受け方」と言ってはばからない。友達の多くも「あいつは個性的」という評価をしている。でも、僕は違うと思う。

■（事例B）：「主題文」の根拠とは、マイナス（異なる視点）効果をもたらすもの

授業以外の場面では、各種のイベントには欠かせない存在。彼のパフォーマンス振りには一目おいている。

後は、これを「肉づけ」すればよいわけです。

◆手順の3：「文」の組み立て

では、次に「序論・本論・結論」といった基本形に従ってまとめてみましょう。六〇〇字の字数ですから、その配分にも十分に留意してください。

■（序論）

個性と自分勝手は、明らかに違うものだ。個性とは、「周りの人たちに迷惑をかけない」といった行動や態度に裏打ちされたものではないだろうか。一方、自分勝手は、その反対側にあると、僕は考える。

この文は、前の「主題文」でも使いました。これで一〇〇字弱です。これを受けて、次の「本論」に移ります。

■（本論・事例A）

クラスで、授業中に突然騒ぎ出すAという男子生徒がいる。奇声を発し、時には踊り出すこともある。これは退屈な授業に限られるが、周りから「いいぞ、もっとやれ！」などと声をかけられると、本人は得意満面。クラスの人気者を演じている。もちろんその間は授業は中断し、先生は苦虫を噛み潰したようになって注意はするが、本人は「これは、オレ流だ」などと言ってはばからない。「あいつは、個性的だ」と評する友達も多いが、僕はそうは思わない。「自分勝手」の単なる目立ちたがり屋、と僕には映る。

■（本論・事例B）

機会があれば、「お前、それは違うよ」と言ってやりたいが、自分勝手を個性と勘違いしている本人は、周りの迷惑には気がつかず、自分の世界にどっぷりと漬かっている。でも、授業以外の学校や対外的なイベントには、Aは欠かせない存在だ。場を盛り上げたり、皆の興味を引くパフォーマンスは一目おいてもよい。結構役立つ場面も多いのだ。

これで、四〇〇字弱ですね。「事例A」と「事例B」のボリュームの目安としては、**3対2くらい**が適当でしょう。「事例A」の方がメインですから、少し多めに書くのが原則です。そして最後のまとめとしての「結論」です。

■（結論）

確かに、個性と自分勝手は、その意味では紙一重と言えるかもしれない。しかし、何事でもそうだが、「周りに迷惑をかけない」という差は大きい。我が身を振り返り、僕も自分の行動や態度がそうなってはいないか、改めて見直していきたい。

この課題の「結び」としては、やはり「自分の振り返り」が必要でしょう。単なる「区別論」ではなく、日常の生活に裏打ちされた、自分の「意見・主張」であることを印象づける効果があります。これで、一〇〇字強です。

ところで、「小論文」は「だ・である」調の常体で書いた方が、歯切れがよく、インパクトが強いので、「常体で書け」という指導書もあります。でも、文体は本人の「好み・嗜好」からきている場合が多いので、無理にそうする必要はありません。

自然体で、ふだんの「自分に合った」書き方をする方が、文がまとまります。慣れないことをして、「常体と敬体」の混用が生じ、減点の対象になることだけは絶対に避けましょう。

女子は、「です・ますの敬体」で、男子は、「だ・であるの常体」で書け、という指導も同様に感心しませんね。女子でも存分に「常体」に挑戦してよいと思います。

■「小論文」の評価について

大学入試の小論文と同じように、何を重要視するかは、それぞれの学校によってかなり異なります。つまり、校風や教育理念に沿っての「内容重視の採点基準になる」ことを覚えておきましょう。

■「評価」の基準は、次の3つ

①内容・構成
②表現・叙述
③表記など

＊この点は、「作文」と同じですが、特に「論理性と納得性」、「オリジナルな視点」が高評価につながるでしょう。

■「採点者」は、普通2～3人体制

それぞれの「評価」をもとに、平均点を出し、偏った「評価」にならないよう公正さを図っています。

■「採点方法」は千差万別

①加点方式：一定の「評点」に、加算していく方法
②減点方式：一定の「評点」を出してから、ポイントを決めて、減点していく方法…などが、代表的です。

■「推薦入試」の場合は、かなり大まか

A～Eの「5段階評価」で、点数はつけずにすますことが多いようです。

第6日・・・テーマ別基礎演習②——「グラフの読解」課題

この型の出題は、一部の学校では必ずこのパターンが見られますから要注意です。志望校に合わせた練習が必要でしょう。

【小論文課題②】「1か月の平均読書冊数」について

（東京都立芦花高校／推薦入試・六〇〇字／六〇分）

次のグラフ（左ページ参照）**は、5月1か月の平均読書冊数を表しています。**

●このグラフから読み取れることを2つ以上書きなさい。

●このグラフから読み取った内容についてあなたが感じたことや考えたことを書きなさい。

※この出題は本来は横組みなので、課題文・解答例とも算用数字を使用。

実際に出された「入試小論文3課題」の中の一つを取り上げます。問題は二つ与えられ、二段落構成で書くことが求められています。「条件と出題者の意図」をまず、しっかりと読み取りましょう。

◆手順の1：「主題文」の設定

図19にあるように、この課題では、**「小学生や中学生と比べて、高校生の読書量が減っている」グラフの結果から、「どんなことを考えるか」**、それが問われています。意見としては、「問題だ（ＹＥＳ）」と「そう問題ではない（ＮＯ）」のどちらかの立場で書くことになりますが、「課題意図」から推し測って、**「問題だ」**の方が書きやすいと思います。

こういう判断も、入試本番ではとても大切ですね。

◆手順の2：「意見の根拠」の明示

ここで、「問題だ」という意見の根拠を明らかにする必要がありますが、これは、身近な事例を取り上げて論じるのが一番です。

例として、小学生の「弟」のケースを考えてみました。確かに学校での取り組みが効果を上げているようです。

◆手順の3：「文」の組み立て

条件で「二段落構成」ということが求められていますから、これを守って書きましょう。一段落目で、グラフの読み取りの

図19　第6日：テーマ別基礎演習②

【小論文課題②】：「1か月の平均読書冊数」について　**「グラフの読解」課題**

次のグラフは、5月1か月の平均読書冊数を表しています。
このグラフから読み取れることを2つ以上書きなさい。
また、このグラフから読み取った内容についてあなたが感じたことや考えたことを書きなさい。

二段落構成

序論 ― **●資料の読み取り**

①最も目立つ特徴は何か
②別の視点・観点から読み取る
③課題の意図を探る

本論
結論

①「小学生」の読書量が、かなり伸びている
②「中学生」の読書量は、横ばいだが、少し伸びている
③「高校生」の読書量は、横ばいで一番低く、この一年は下がっている

確かに、小学生の弟が、最近になって結構本を読むようになった。学校で「朝の読書」を始めたらしい。でも、高校生が月に一冊程度しか読まないというのも驚きだ。部活動や受験勉強などで忙しいのかもしれないが、「読書」は国語力や作文力の基礎だ。僕も高校生になったら、弟に負けないよう図書館に通い、できるだけ本を読むつもりだ。

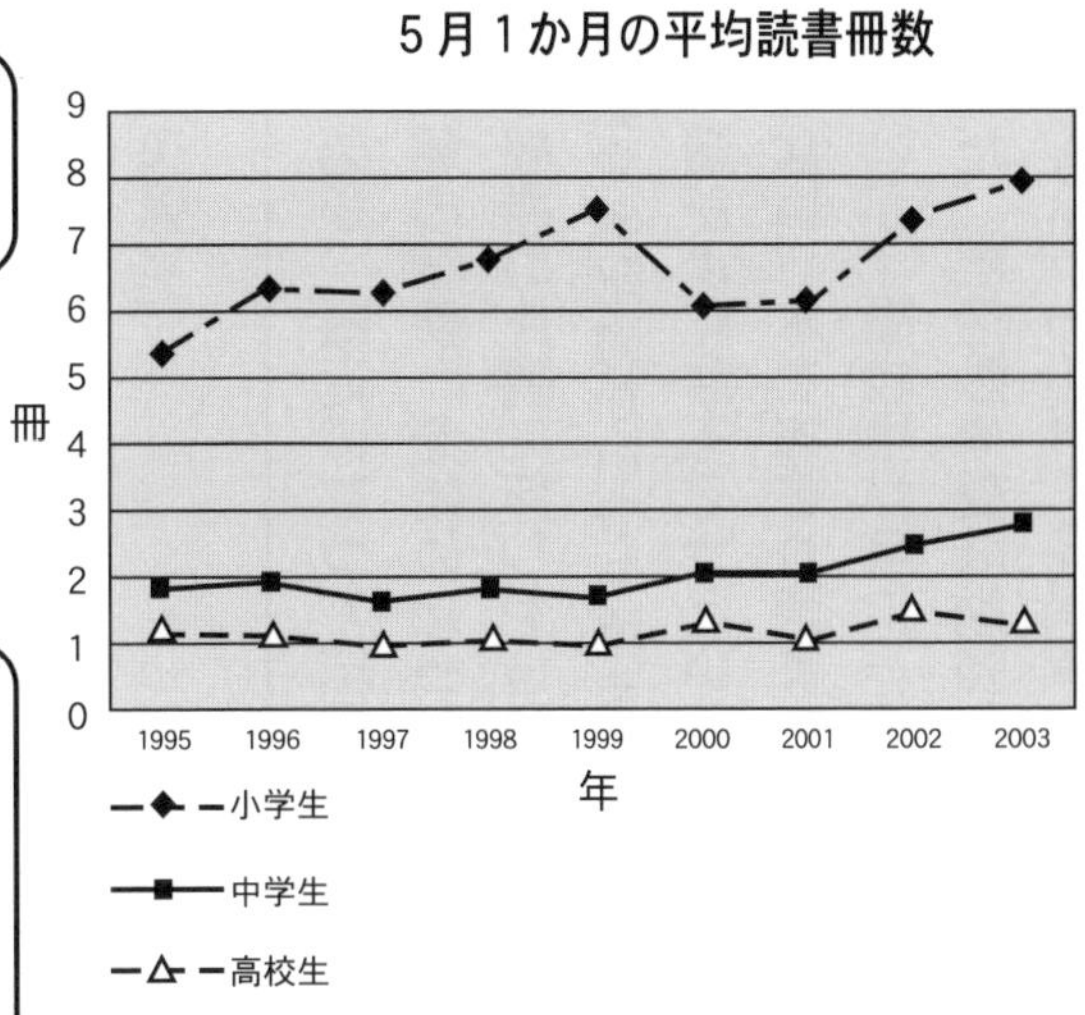

結果を書き、二段落目では、その内容に対しての感想を書くことになります。

■（序論／第一段落）：「資料（グラフ）」の読み取り

第5日の課題①の「テーマ」だけで書くよりも、資料が与えられているぶん「書きやすい」面はありますが、資料は正確・適切に読み取らなければなりません。

「資料の読み取り」の場合は、次のことに注意することが大切です。

1・資料の中で、「最も目立つ」特徴を示しているものは何か、それをまず読み取ること
2・別の視点や観点から、もう一度「見直し」をすること
3・出題者側の「出した意図」を探り、考えること

1で見ると、グラフからは次の三点が特徴的なのがわかりますね。課題では「二つ以上」とありますから、これで条件はクリアします。

①「小学生」の読書量が、かなり伸びている
②「中学生」の読書量は、横ばいだが、少し伸びている
③「高校生」の読書量は、横ばいで一番低く、この一年は下がっている

この特徴を述べることが「序論」の内容となります。

グラフは、小学生・中学生・高校生それぞれの5月1か月の「平均読書量」を表している。これを見ると、小学生の読書量が6冊から8冊と、3・4年前と比べてぐんと伸びているのがわかる。一方、中学生はどうかというと、ほぼ横ばい、8年前とほとんど変わってはいないが、最近は少し上昇気味だ。だが、問題なのは高校生である。これも中学生と同じような推移だが、平均1冊くらいしか読んでいない。さらに、昨年より下がり気味なのが気にかかる。

二〇〇字程度に収まっています。六〇〇字の制限ですから、「序論」は、このくらいのバランスが適当でしょう。

■（本論・結論／第二段落）

確かに、小学生の弟が、最近になって結構本を読むようになった。学校で「朝の読書」を始めたらしい。一時はまっていたゲーム機は部屋の片隅に押しやられ、図書館で借りてきたらしい図鑑や伝記物がいつも積まれている。「本をたくさん読むと、頭がよくなるぞ」という父の言葉が効いているのかもしれない。本をあまり読まない中学生の兄貴としては面目もないが、高校生が月に一冊程度しか読まないというのも驚きだ。部活動や受験勉強などで忙しいことがあるのかもと思うが、「読書」は国語力や作文力の基礎ということは間違いない。文部科学省の調査でも指摘されているように、「思考力や記述力」が他の国に比べても低いレベルに止まっているのは、この「読書量」の差ではないだろうか。

僕も高校生になったら一念発起して、弟に負けないように図書館に通い、できるだけ本を読むつもりだ。

ドメメエばっかしてると
ひらがなと
カタカナしか
書けなく
なるもん…

これで、四〇〇字弱です。大体一段落と二段落の字数割合は、こんな感じでよいでしょう。

「結び」となる一文は、やはりこれからの「自分の思い・決意」で締めくくった方が、印象が違います。工夫してみましょう。

第7日・・・テーマ別基礎演習③ ―「資料文読解」課題

この型は、最近になって「大学入試の小論文」で最も多く出題されているものです。高校入試の「小論文」でも増加傾向にありますから、対策は特に重点的にやることですね。

【小論文課題③】‥次の文章で筆者は、「ベストを尽くす」ということについて述べている。本文の内容を十分にふまえた上で、あなたは「ベストを尽くす」ために、これまでどのようなことをしてきたか、また、これからどのようなことをしていこうと考えているか、具体的な例を挙げて書きなさい。

（東京都立国立高校／一般入試・四〇〇字程度／四〇分程度）

「課題文」は、次のようなものです。（次ページ**図20**参照）

●次の文章は、海外で活躍しているオペラ歌手が書いた文章の一部である。これ以前の部分で筆者は、外国の音楽大学在学中に、数多くのコンクールに参加し、入賞したこともあったが、うまくいかなかったこともあったと述べている。

海外で働いているといえばかっこよく聞こえるかもしれませんが、実際に住んでみると思いもよらぬ壁にぶち当たります。海外に住むというのは、自分の周りの環境や景色を変えることによって、自分がいったい何に甘えてきたのかを知ること、つまり「自分を知る」手段の一つに過ぎないという気がします。「自分を知る」とはいったい何か。まず自分の興味が「どこ」にあるかを知ることが「自分を知る」第一歩ではないでしょうか。

私は人間は「何か」をするためにこの世に生まれてきたのだと思っています。ですから私に「歌」というものが与えられたのなら、とりあえずできることは全部やってみようと思いました。それに付随する苦労や痛みというのは、自分のレベルアップのための、神様からの試験だと思っています。そして神様は、私たちが耐えられないような試験は決してしません。神様が「そうかおまえはここまで耐えたか、じゃあ今はごほうびだけれど、次のこの試験には耐えられるかな」と思ってくれているとしたら、とてもすてきなことだと思いませんか?

図 20　第7日：テーマ別基礎演習③

【小論文課題③】：次の文章（55・56ページ参照）で筆者は、「ベストを尽くす」ということについて述べている。本文の内容を十分にふまえた上で、あなたは「ベストを尽くす」ために、これまでどのようなことをしてきたか、また、これからどのようなことをしていこうと考えているか、具体的な例を挙げて書きなさい。

「資料文の読解」課題

序論

作者の藤村さんは**「できることをすべてした」**、つまり事実をしっかりと受けとめた上で、**「ベストを尽くすこと」**の大切さを指摘している。

本論

藤村さんにはとうてい及ばないが、高校に合格するための「受験勉強」だけは、「できることはすべてした」という感じがする。二年生までは部活動で忙しかったが、帰宅してからの二時間は、遅くなって疲れていても必ず机に向かった。三年になって部活動を離れてからは、これが四時間になった。塾から帰っても、その日のうちに「宿題」は終えるように頑張った。おかげで、苦手だった数学も何とか合格点を取れるようになった。

結論

高校に入ったら、まず友達をたくさんつくりたい。両親も「高校時代の友人とは、いまでも付き合いがある」というのを自慢している。生涯を通じての親友が持てたらベストだ。

何年かかってもいい、自分が強く希望するものが何かを知ったら、できることはすべてやってみてください。そのあとで、自分がどこに立っているかを見きわめるといいと思います。それでだめだったら仕方がないけれど、それでも「できることはすべてした」という中から得たものは、あなたのなかに普遍的に残ります。

「ベストを尽くす」ということは「自分に何が足りないか」という現実を知ることで、これはなかなか難しいことです。なぜなら人間には「自分は大丈夫だ」と信じたい「本能」があるからです。自分の身に起こる物事には必ずふたつの面があり、そのひとつは※ポジティブ、もうひとつは※ネガティブだとします。それを頭にたたき込み、現実をしっかりと見据えた上で、ふたつのうちどちらかを取って毎日を暮らすとしたら、人の一生は、まったくもって変わったものになると思いませんか？　コンクールで落ちてめそめそしていたら、私はいったい何を得ていたでしょうか？　審査員や他人のせいにしていたら、私は今ごろ日本に帰っていたのではないのでしょうか？　生きるって「むだを捨てて」を繰り返す、実はとてもシンプルなことだと思います。

どんなことがあっても事実をしっかりと受けとめた上で、そのときの自分のベストを尽くすこと。どん底にあっても「本当の光」がどこにあるかいつも探すこと。いつもできるわけではないけれど、これが今までの経験で学んだ私の生き方です。

（藤村実穂子「うたうお仕事」による）

（注）ポジティブ…積極的。肯定的。　ネガティブ…消極的。否定的。

◆手順の1：「主題文」の設定

問題にあるように、「ベストを尽くす」ために、「これまでやってきた」こと、また、「これからどのようなことをしていこう」と考えているか、具体的な例を挙げて、という条件がついています。

これを整理すると、一つは「これまでやってきたこと」、二つ目はそれを受けて「これからどのようなことをしていくか、ということ」をイメージしなければなりません。

でも、その前に、今まで「ベストを尽くした経験があるか」という大前提が突きつけられていることを、しっかり認識しましょう。これは、過去に「ベストを尽くしたことがない」人にとっては、言わば「踏み絵」で試されているような感じになるかもしれませんが、「ベストに近い状態で、自分なりに頑張った」、そんな経験事例を取り上げればよいと思います。

条件が厳しいからといって投げ出さずに、「自分ができる」範囲で努力すればよいのです。入試も、人それぞれにレベルや対応が違って当たり前です。すべての受験生に、内容の同じ画一的な「小論文」を書け、といっているわけではないことを理解してください。

◆手順の2：「意見の根拠」の明示

ここでは、受験生がこれまでやってきた中で、自分は「本当にベストを尽くした経験がある」という根拠を具体的に示さなければいけませんね。

たとえば、例文では「受験勉強」を取り上げました。

> **部活動で忙しかったが、帰宅してからの二時間は、遅くなって疲れていても必ず机に向かった。三年生になって、部活動から離れてからは、それが二倍の四時間になった。塾から帰っても、その日のうちに「宿題」は終えるようにした。**

こういった、具体的な事例は絶対に必要です。

◆手順の3：「意見・提案」の絞り込み

この課題の場合は「これからどのようなことをしていこう」と考えているか、ということですから、「意見・提案」という

よりも、身近な「高校生活への抱負」を語った方がよいでしょう。
ただし、この「資料文」のキーワードは、「ベスト」ということですから、この言葉は外せませんね。どこかに入れて、「この言葉が、キーですね。自分は理解している」というメッセージを読み手に伝えてもよいと思います。

◆手順の4：「文」の構成

序論・本論・結論といった基本形はくずさずに、簡潔にまとめましょう。四〇〇字で、共通問題を含めて全体時間は六〇分と限られています。かなりハードな時間制限ですから、「小論文」は四〇分を目安に、一気に書くことが求められます。

■（序論）：「資料文」の解説

> 作者の藤村さんは「できることをすべてした」、つまり事実をしっかりと受けとめた上で、「ベストを尽くすこと」の大切さを指摘している。

■（本論）：「これまでやってきたこと」

> 藤村さんにはとうてい及ばないが、高校に合格するための「受験勉強」だけは、「できることはすべてした」という感じがする。二年生までは部活動で忙しかったが、帰宅してからの二時間は、遅くなって疲れていても必ず机に向かった。三年になって部活動を離れてからは、これが四時間になった。塾から帰っても、その日のうちに「宿題」は終えるように頑張った。おかげで、苦手だった数学も何とか合格点を取れるようになった。

■（結論）：「高校生活」への抱負

> 高校に入ったら、まず友達をたくさんつくりたい。両親も「高校時代の友人とはいまでも付き合いがある」というのを自慢している。生涯を通じての親友が持てたらベストだ。

これで、四〇〇字弱です。序論と結論で二〇〇字、本論で二〇〇字程度という目安でまとめると、ちょうどよいバランスになると思います。

さて、「小論文」入試は、何度も繰り返すようですが、これからどんどん増えてくるでしょう。大学での入試に「小論文」が激増していることは、前に述べました。

単なる「入試」ということから離れても、就職試験やその後の「会社での仕事」に、この「論理的思考の文章表現能力」が欠かせないからです。そのことを、しっかり念頭に置いて、この「作文・小論文」入試にベストで臨んでください。

第2章（実戦編）

☆これを練習すれば、
「作文・小論文」は怖くない！

第1講/作文

第2講/小論文

第1講 作文

3日間で仕上げる、よく出る「作文課題」実戦練習

第1日…よく出る「課題」実戦練習① ―「心に残る言葉」

ここでは、直前に迫った「入試本番」に備えて、実際によく出される「作文課題」を選び、時間を区切りながら、「本番さながら」の練習をすることにしましょう。

ここまでの学習を経て、皆さんは大体の「作文を書く」流れを理解したと思います。そのことを念頭に置きながら、次の「課題」に取り組んでみましょう。

【作文課題①】 さぁ、書いてみよう！

「わたしの心に残っている言葉」という題で、作文を書きなさい。

＊ただし、二段落構成とし、前段では取り上げた言葉とそれに関わる体験や思い出を書き、後段ではその言葉に対する思いや考えを書くこと。

（時間：一五分・二〇〇〜二四〇字／山形県）

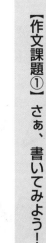

■（解答例）

小学校の卒業式のことだった。担任の先生が「協力・努力・忍耐力という三つの言葉を忘れずに生きてほしい」と話された。中学三年になった今でも、その言葉を私は忘れずにいる。部活動のバスケット部での練習は放課後遅くまで続き、受験勉強との両立もきつかった。でも、この言葉のお陰で「何とかうまくなろう、成績も落ちないぞ」と思い、皆と一緒に頑張って、県大会まで行った。
　高校に入ってからも、この言葉を大切に学校生活を送りたい。

（二〇六字）

この「課題」のように、公立高校で出される「作文課題」は、ほとんどが一五〇〜二四〇字の範囲の短い作文で、二段落構成が条件です。
「国語問題」の最後に課されて、時間切れという場合もありますから、時間配分には十分に留意しましょう。

◆この「作文課題」攻略のポイント

①書き出しは、「場面」から入る！

大部分の受験生は、まず「書き出し」で迷います。でも、「前段は、体験や思い出を書く」という条件をクリアするためにも、第1章で学んだ「時」から書き出しましょう。

②具体的に「心に残っている言葉」を書く！

この「言葉」は、絶対に外せません。説明文ではなく、「会話」文の形の方が、印象に残ります。

③前段をくわしく、後段は短く！

前段の内容はできるだけくわしく書いて、後段は一文で決めると文章が引き締まります。

④字数は、厳守！

二〇〇字以上で、二四〇字までという条件は絶対に守りましょう。字数不足は減点対象、字数オーバーは0点です。

（類題）
・「周りの人の言葉や行動から学んだこと」（岐阜県）
・「自分の印象に残っている言葉」（三重県）
・「ことばと私」（大阪府）
・「ことばの持つ力」（大阪府）
・「心に残ったあいさつ」（兵庫県）
・「心に残ったことば」（和歌山県）
・「心に残ることば」（愛媛県）

第2日…よく出る「課題」実戦練習②――「方言について」

【作文課題②】さぁ、書いてみよう！

「方言について」という題で、作文を書きなさい。

＊二段落構成とし、第一段落では体験や見聞を具体的に書き、第二段落ではそのことに対する自分の考えを書くこと。

（時間：一五分・一五〇～二〇〇字／青森県）

■（解答例）

小学生だった夏休み、母の実家に泊まって「花火大会」に行ったことがある。「あら、弘子ちゃん。お晩です。娘さんなの？」と声を掛けられた。少し腰の曲がったお婆さんが、にこにこしていて、母も懐かしそうだった。ここでは、「今晩は」というのを、「お晩です」と言うらしい。これは後で聞いた。

　その土地に合った「あったかい」感じがした。「方言」がだんだん使われなくなるのが、私にはちょっと寂しい。（一八八字）

◆この「作文課題」攻略のポイント

①具体的な「方言」を使った場面から書く！

実際に聞いた「方言」は、どんなときに使われたのか。まず、その「場面」の描写をしましょう。

②そのとき感じた「自分の気持ち」を思い出す！

これは、二段落の「自分の考え」をまとめるヒントになります。

③「方言」に対する自分の「感想・考え」を、明確に出す！

出題の意図は、「方言」についての受験生の「考え」を知ることです。これにしっかりとこたえる必要があります。

（類題）

・「共通語と方言」（山形県）
・「方言」「共通語」「外来語」のうちから選択（千葉県）
・「敬語」「方言」「外来語」の中からの選択（愛媛県）
・「方言」をテーマとした討論会の二つの意見について（佐賀県）

第3日…よく出る「課題」実戦練習③——「読書の楽しみ」

【作文課題③】さぁ、書いてみよう！

「読書の楽しみ」について考えることを、自分の体験を含めて書きなさい。

（時間：一五分・一六〇〜二〇〇字／宮城県）

■〈解答例〉

最近『ハリー・ポッター』シリーズにはまっている。映画やビデオで何回も見たが、とにかく面白い。六作目となる「ハリー・ポッターと混血のプリンス」は、一時間で八九〇万部も売れたそうだ。「魔法」という、人間世界を超えたところでの奇想天外な物語は、「この後、どんな風になるんだろう」と、いつもドキドキしながら読んでいる。

「読書の楽しみ」は、自分の知らない世界が無限に広がり、「夢」をみることではないだろうか。

（一九九字）

◆この「作文課題」攻略のポイント

①今まで自分が読んだ本を具体的に挙げる！

「読書」の経験が少ない人や、まったく読まない人は、最初からつまずきます。対策としては、最低何か「話題」の一冊を読み、その内容や感想をまとめておきましょう。

②本の「内容」に触れる！

本当に読んでいれば書けるはずです。付け焼き刃の「読書」論では、すぐにメッキがはがれてしまいます。

③きちんとした「読書」に対する考えで締めくくる！

出題者は、ここが知りたいのです。きちんと「本を読む」という習慣や姿勢が問われていることを忘れないでください。

〈類題〉

・「自分の心に残っている一冊の本」の紹介（秋田県）
・「最も感動した読書体験」について（新潟県）
・「世論調査を踏まえた読書」について（福井県）
・「齋藤孝『読書力』」を読んで（山梨県・鳥取県）
・「長田弘『読書から始まる』」を読んで（三重県）
・「読書のよさを広げるための標語」について（滋賀県）

生徒作品の添削評価文例

左の文章は、実際に中学三年生の生徒が書いたものです。この程度の「作文」ではどのように評価されるのかをみてみましょう。

中学校生活をかえりみて

中学三年　江口　純一

　中学校に入学してから、早々と三年の日々が流れようとしている。入学時は二学年の上級生がいて新米として登校していたが、一年もまたたくまにすぎ昨年は学校の中堅となりそして、現在大黒柱となっている。昨年までは上級生にたよることができたが今では僕らが中心となって問題を解決せねばならない。進級したての頃は何もできないよれよれの感じであったが今ではどんなことがあっても決して倒れないものが身についた。僕自身の過去を考えてみてもいろいろなことを経験したこともあって身体的精神的にも大きな自身が身についたと思う。このように反省してみるとこの三年間は悔いのない中学校生活でありこれで学んだことを正しく活かしながら、今後も一段と努力し飛躍したいと思う。

□講評と評価

▼文の構成・流れはよいが、インパクトに欠ける。肝心の「体験」というオリジナル性がないために平板な印象となっている。言葉が抽象的。

▼段落分けがなく、「、」が抜けている。最低三つの段落がほしい。「、」もあまり抜いてしまうと、息が続かない。

	評価の観点	点
1	内容・構成	3
2	表現・叙述	3
3	表記など	1
		7/18点

□添削の解説

①ここは「月日」の方がよい。
②助詞「の」を入れることで、言葉に柔らかみがでる。
③「その」をつけ加えることで、意味が強調される。
④文が長すぎるので、いったん切った方がよい。
⑤ここも文を切り、「でも」で続ける。
⑥「せぬ」は文語表現なので、「しなければ」とする。
⑦助動詞「ようだ」で受ける。
⑧「した」で切り、「そのおかげで」と前の文をつなぐ。
⑨改行の必要がある。
⑩「、」を打ってしみじみと述懐する感じを出し、「本当に」などという言葉を補いたい。
⑪文を切る。
⑫「、」を打ち、「将来に向かって」などの言葉をつけ加えることで、締めくくりの重みを出す。
⑬文中の▼印のところは「、」を入れる。
⑭誤字。自身→自信と直す。

第2講 小論文

4日間で仕上げる、よく出る「小論文テーマ課題」実戦練習

第1日…よく出る「テーマ課題」実戦練習①――「生き方」の考察

大学入試の影響で、高校入試でも「小論文」選考が増える傾向にあることは、前に述べました。ここで取り上げる「課題」は、いずれも「推薦入試」で出題されたものです。かなり字数のボリュームがあり、圧倒されるかもしれませんが、基本型は同じです。本番であわてないように、この程度の「課題」にも、ふだんから慣れておきましょう。

【小論文課題①】さぁ、書いてみよう！

◆次の文章を読み、あとの設問に答えなさい。

土佐《とさ》の西の端に柏島《かしわじま》といふ《いう》小さな島があつて《あって》二百戸の漁村に水産補習学校が一つある。…（中略）そのほかには実習から得る利益があつて五銭の原料で二十銭の缶詰が出来る。生徒が網を結ぶと八十銭位の賃銀《ちんぎん》を得る。それらは皆郵便貯金にして置いて修学旅行でなけりや《なけりゃ》引き出せないといふ事である。この小規模の学校がその道の人にはこの頃有名になつた《なった》さうぢや《そうじゃ》が、世の中の人は勿論《もちろん》知りはすまい。余はこの話を聞いて涙が出るほど嬉《うれ》しかった。我々に大きな国家の料理が出来んとならば、この水産学校へ這入《はい》って松魚《かつお》を切ったり、烏賊《いか》を乾したり網を

結んだりして斯様《かよう》な校長の下に教育せられたら楽しい事であらう《あろう》。

この文章は、明治時代に短歌や俳句の革新をした、正岡子規《まさおかしき》の『病牀六尺《びょうしょうろくしゃく》』の一節です。正岡子規は、重い病気で、この随筆を書いた頃はほとんど寝たきりの状態でした。そんな彼を「涙が出るほど」感激させたのは、何だったのでしょう。

高知県の西の端の柏島という全世帯で二百戸ほどの小さな漁村に、水産補習学校が一つありました。明治時代、今と違ってまだまだ日本全体が貧しく、大多数の子供たちは小学校を卒業してすぐに働かなければなりませんでした。その時代に、職業教育をしてもらえるこのような実業学校は、子供たちにとっての希望の光であったことでしょう。彼らは、どんなにちっぽけで、貧弱な学校でも、嬉々《きき》として通い、そして「学べる」ことのすばらしさを、身にしみて知っていたに違いないのです。

彼らは毎日、実習に励みます。確かに得られる賃金はわずかなものかもしれません。しかし、自身の労働が確実に実を結び人の役に立っている実感と、こうした着実な歩みが将来必ず身を助け、地域社会に貢献し、ひいては新しい近代日本を創る礎《いしずえ》になることを体感していたことでしょう。

正岡子規はこの学校の話を聞いて、「涙が出るほど嬉しかった」と書いています。まだ近代の創生期であった明治時代、このようなところで育っていく若者たちが、きっと将来の日本を支えていくだろう。そのような思いが、自らも壮大な夢を持ちながら、重病でもはや一歩も病床を離れられない子規には、あふれていたに違いないのです。

現代に生きる私たちも、決して楽な状況に置かれているわけではないかもしれません。しかし、工夫を凝らし、希望を持って前進することがどれほどすばらしいかを、この話は一世紀を越えた私たちに伝えてくれるのではないでしょうか。

【設問】あなたはこれからの人生をどのように生きていきたいと考えているのか。この文章を読んで大切だと考えたことと関連させて論じなさい。

（時間…五〇分・六〇〇字以内／東京都立上水高校改題）

■（解答例）

漠然とだが将来の生き方を意識するようになったのは、高校受験の勉強を始め、進路が現実味を持ってからだ。さすがに受験ともなると、自分の学力不足や能力への不安に直面せざるを得ない。すると、いま学んでいること、学び続けることが、未来の可能性や選択の幅を広げる最善の道らしいと、ようやくわかってきた。

僕には、目標を下げれば楽になる、無理をする必要はあるのかと思いがちなところがある。そういうなまけ心がわいたときは、一人の女の子の願いを考えることにしている。中学の入学祝いにパソコンを買ってもらい、インターネットでいろいろ検索するうちに行き当たった、中国の小さな女の子の願いだ。その子は、家計が苦しくて、学校を途中でやめなくてはならなかった。毎日レンガ運びのきつい仕事をしている。彼女の夢は、貯金をして、また学校に通うことだ。毎日学校に通い、学べる環境を、あの小さな子がどれほど望んでいたかを想像すると、自分の甘えが恥ずかしくなる。

この文章を読んで感じたのも、十分に学べる恵まれた環境にいる自分が、安易な逃げ道を選んでいいはずがないということだった。まず、高校で将来の目標を固め、目標に向かって学ぶ努力をするのが、今の自分にとって、こうありたいと思う生き方だ。「学ぶ」意欲を持ち続けて、一歩でも前進することの大切さを忘れないようにしたい。

（五六三字）

◆この「小論文課題」攻略のポイント

①まず与えられた条件に対する答えを明らかにする！

設問条件に「この文章を読んで大切だと考えたことと関連させて」とあるのを忘れないこと。この答えにつながることを前提として書き始めるとまとめやすい。

②自分の「考え」をはっきりと述べる！

第1章でやった「主題文」を思い出しましょう。

③その理由を、「体験事例」で裏付ける！

自分は、「なぜ、そう考える」のか、しっかりとした根拠を示すことが大切です。

（類題）

・「よりよく生きるために心がけたいこと」（千葉県立茂原高校）
・「将来どんな生活を送りたいと思うか」の意識　調査結果グラフを見て（東京都立深沢高校）
・「自分にとって生きることとは」（文教大付属高校）
・「私の目指す生き方」（京華女子高校）

【小論文課題②】さぁ、書いてみよう！

次（左ページ）の資料は、「理想とする仕事観」についての調査結果をグラフに表したものです。このグラフから、あなたが感じることをあげ、それをもとに、将来仕事を選ぶうえで大切だと思うことについて、あなたの考えを論じなさい。

（時間：70分・500字以上700字以下／東京都立杉並総合高校）

＊グラフの中の項目を文章中に引用する場合は、それぞれの項目の記号（AからFのアルファベット）を引用してかまわない。

■（解答例）

資料では、Aの「仲間と楽しく働ける仕事」が４割強と最も多い。10人の内、４人以上は、「仕事は仲間と楽しく」だ。次いで、「専門知識や特技が生かせる仕事」３割強、「世の中のためになる仕事」約２割と続く。

確かに、仕事は楽しく、気の合う仲間と一緒に働ければ最高だろう。でも、これからの社会で、こんな「仕事環境」が果たして許されるのだろうか。

父の話や新聞・テレビの報道をみても、大きな銀行やスーパーがバタバタ倒産し、外国からの資本も入ってきて、会社の合併や買収を繰り返している。「何よりも、実績を上げないと、すぐリストラ対象になってしまうからな」と、父は休日でも会社に出かけて行く。インターネットのお陰で、生活は便利になったが、半面で「国境を越えたビジネス」の競争が始まっているのだ。その意味で「仲間もライバル（競争相手）」である。

でも、僕はそんな厳しい中にあっても、将来はCの「世の中のためになる仕事」を選びたい。「仕事」を通して、皆が喜んでくれるのを見るのは、「仲間と楽しく」よりも、数段と感動が違うからだ。

それを僕は「訪問介護」のボランティアで体験した。「仕事」を選ぶ時には、その思いを大切にして考えるつもりだ。

（504字）

理想とする仕事観

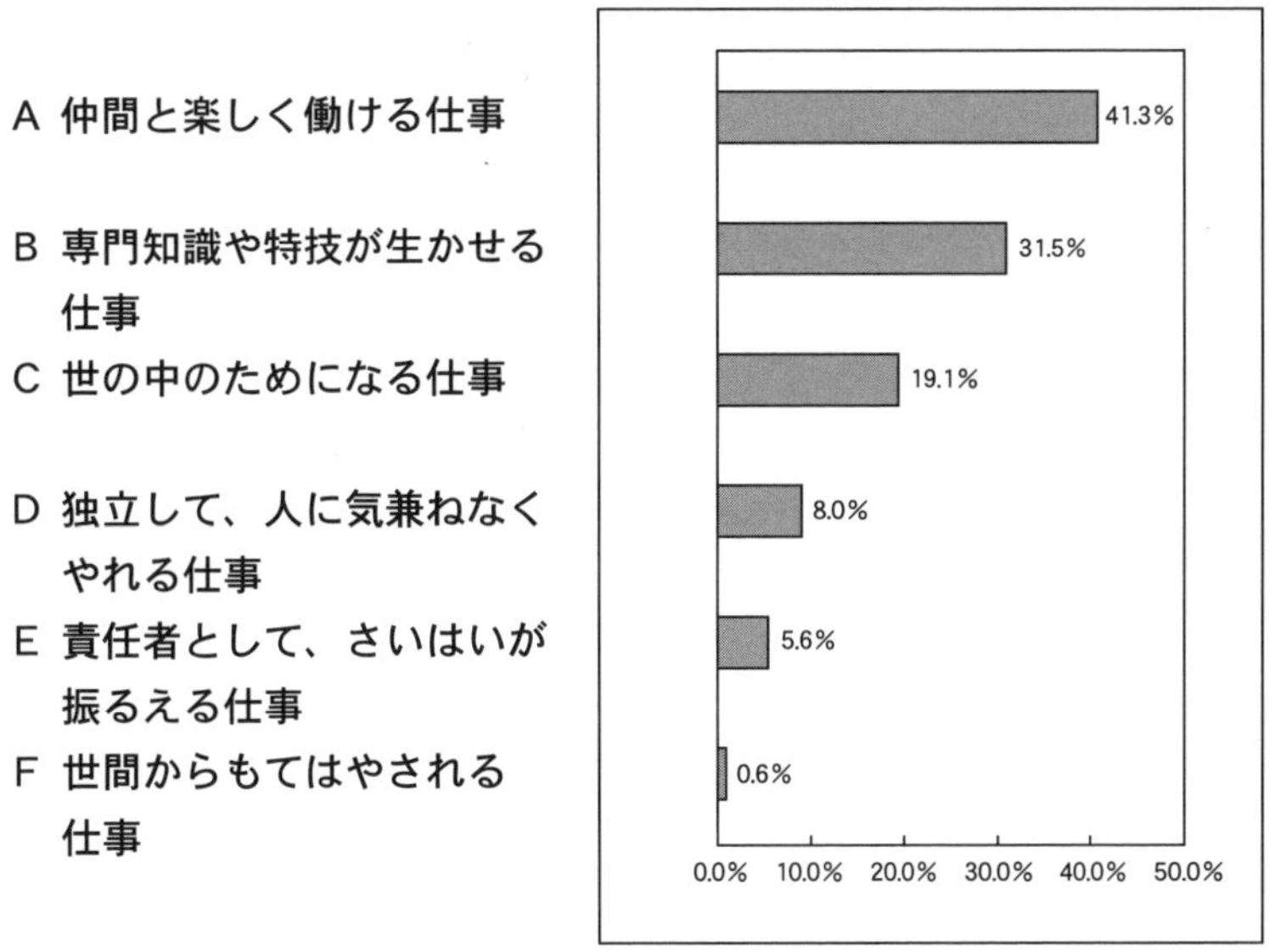
A 仲間と楽しく働ける仕事
41.3%
B 専門知識や特技が生かせる仕事
31.5%
C 世の中のためになる仕事
19.1%
D 独立して、人に気兼ねなくやれる仕事
8.0%
E 責任者として、さいはいが振るえる仕事
5.6%
F 世間からもてはやされる仕事
0.6%
0.0% 10.0% 20.0% 30.0% 40.0% 50.0%

NHK 放送文化研究所「『日本人の意識』調査」による
（注） 1番目に理想とする仕事と2番目との合計

◆この「小論文課題」攻略のポイント

①「本音」よりも、「逆張り」思考で「主題文」を書く！

ここでは、大多数の人が、正直に「仲間と楽しく働ける仕事」と答えるかもしれません。でも、その他大勢で埋没するよりは、もっと別の立場で書けば目立つことは言うまでもないでしょう。そういった「戦略」的な考え方も入試では必要になります。

②「思う」という言葉は、使わない！

前にも述べましたが、「小論文」では、「思う」という言葉は禁句です。つい使いたくなる言葉ですが、「思う」には情緒的な響きがあります。論理的思考や表現が求められる「小論文」では、「考える」という言葉に置き換えることが大切です。

③「自分の考えの根拠」をはっきりと提示する！

なぜ、そう考えるのか「体験事例」を盛り込み、「なるほど」と採点者側をうなずかせることが、高得点に結びつきます。

（類題）
・「将来の夢」（かえつ有明高校・錦城学園高校・品川翔英高校など多数）
・「私の将来」（三田国際学園高校など多数）
・「将来就いてみたい職業」（星美学園高校）

（注）この問題は、横書きの原稿用紙に書くようになっています。

【小論文課題③】さぁ、書いてみよう！

次のグラフと文章について、各設問に答えなさい。

（時間：60分・100字と400字／東京都立翔陽高校）

問１　グラフから読み取ることのできることがらを100字以内にまとめて答えなさい。

問２　グラフと文章を参考にして、「地球温暖化」の原因について説明し、その対策についてあなたの意見を400字程度で述べなさい。

＊問１・問２とも段落分けの必要はありません。最初のマスから書き始めること。

＊年数、台数などの数字は１マスに書いてもかまわない。

（例）

1990	年
100	台

[グラフ]

エネルギー消費機器の保有台数（日本国内100世帯あたりの保有台数）と世帯数

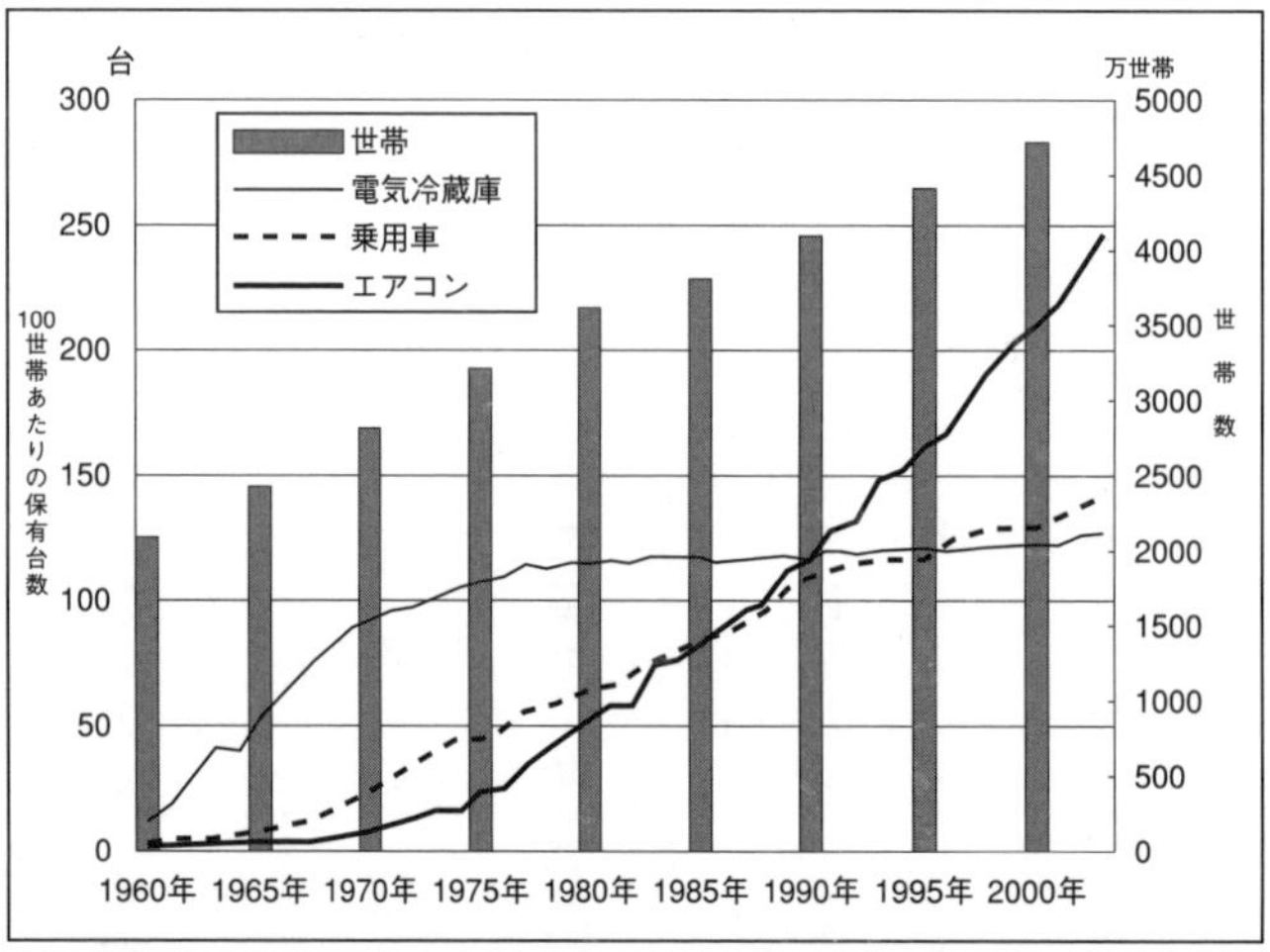

内閣府経済社会総合研究所編「平成15年版家計消費の動向」及び総務省「国勢調査」統計データより

[文章]　地球の表面には窒素や酸素などの大気が取り巻いています。地球に届いた太陽光は地表での反射や輻射《ふくしゃ》（注1）熱として最終的に宇宙に放出されますが、大気が存在するので、急激な気温の変化が緩和されています。とりわけ大気中の二酸化炭素は0.03％とわずかですが、地球の平均気温を摂氏《せっし》15度（注2）程度に保つ大きな役割を演じています。こうした気体は温室効果ガスと呼ばれます。

　18世紀後半頃から、産業の発展に伴い人類は石炭や石油などを大量に消費するようになり、大気中の二酸化炭素の量は200年前と比べ30％程増加しました。

（注1）「輻射《ふくしゃ》」……地球表面や地球大気がエネルギーを吸収した後、再び放射する現象
（注2）「摂氏《せっし》15度」……15℃

全国地球温暖化防止活動推進センター資料による

■（解答例）

問１　電気冷蔵庫の保有台数は、1977年くらいからほぼ横ばいで2000年現在ほとんど変わってはいないが、乗用車、エアコンの台数は70年代より急激に増え、特にエアコンは100世帯当たり保有台数250台に迫る。（100字弱）

問２　資料文で取り上げられている二酸化炭素や、オゾン層を破壊するフロン、湿原や湖沼で自然発生するメタンガスなどが、その「温室効果」により「地球温暖化」の主原因とされている。その増大はグラフでもわかるように「自動車やエアコン」の普及によって、急激にもたらされたものと言ってよいだろう。この「地球温暖化」が進めば、地球上の気候のみならず、生態系にまで及ぶ深刻な事態になることは疑いがない。最近の例でも、月の平均気温が1880年の統計開始以来最高となったと聞く。これは大変なことだ。では、どうするか。館林市では、市民が立ち上がり「打ち水で気温を下げる」運動が始まったが、こんな対症療法ではなく、マイカーを止めるとか、エアコンを使わないなどの意識変革が一番ではないだろうか。僕も家では、暑い時うちわを使うつもりだ。（約350字）

◆この「小論文課題」攻略のポイント

①グラフ資料は、目立つところを指摘する！

第１章でも触れたように、「資料」は、「小論文」の内容に直結します。「目立つ、論じやすい」ところに目をつけましょう。

②前もって、「よく出る」テーマは、押さえておく！

この「地球温暖化」に限らず、「自然環境」や「エネルギー問題」、「生命」に関するものなど、過去の出題を参考に、前もってまとめておくと安心です。

③同時に、その「対策」も考えておく！

テーマが与えられると、必ず「その対策についての意見」が求められます。ふだんから「使えそうな体験材料」を準備しておくことも大切です。

（類題）

・「ゴミ問題」についての意見
（安田学園高校・函館白百合学園高校）
・「美しい地球を感じる工夫」（日本学園高校）
・「地球環境問題」について（杉並学院高校）
・「地球環境と私」（昭和第一学園高校）
・「21世紀が『環境の世紀』と呼ばれる理由」（早稲田実業高校）
・「環境」（千葉明徳高校）
・「人類の環境と共生」について（千葉県立木更津高校）

【小論文課題④】さぁ、書いてみよう！

左の図ア、図イを見て、次の問題１、問題２に答えなさい。

（時間：50分・100字と500字／東京都立新宿高校）

問題１　図ア、図イに見られる変化について、両者を関連づけながら100字以内で説明しなさい。

＊記述においては、書き出しを一マスあけたり、段落分けをする必要はありません。

問題２　食料自給率について下の意見Ａ、意見Ｂのように異なる意見があります。どちらかの立場にたって、なぜそう考えるのか、あなたの考えを500字以内で述べなさい。ただし、どちらの立場にたっても、採点に影響することはありません。

＊記述においては、書き出しを一マスあけ、必要に応じて段落に分けなさい。

意見Ａ　安くて品質がよいなら、外国産の食料を積極的に輸入すべきだ。

意見Ｂ　国民生活に必要な食料は、できるだけ国内で生産し、輸入は抑制すべきだ。

ただし、次の指示に従いなさい。

1　最初に自分の立場を選び、解答用紙（省略）に○で囲むこと。

2　自分がなぜそう考えるのか、また、自分とは異なる立場をなぜ支持しないのかについて、理由をあきらかにしながら論理的に述べること。

3　次の【語群】から二つ以上の語句を必ず用いること。また、それぞれの語句を最初に用いた部分には下線を引くこと。

【語群】　環境　　グローバル　　人口　　消費者

図ア　主要先進国の食料自給率の変化

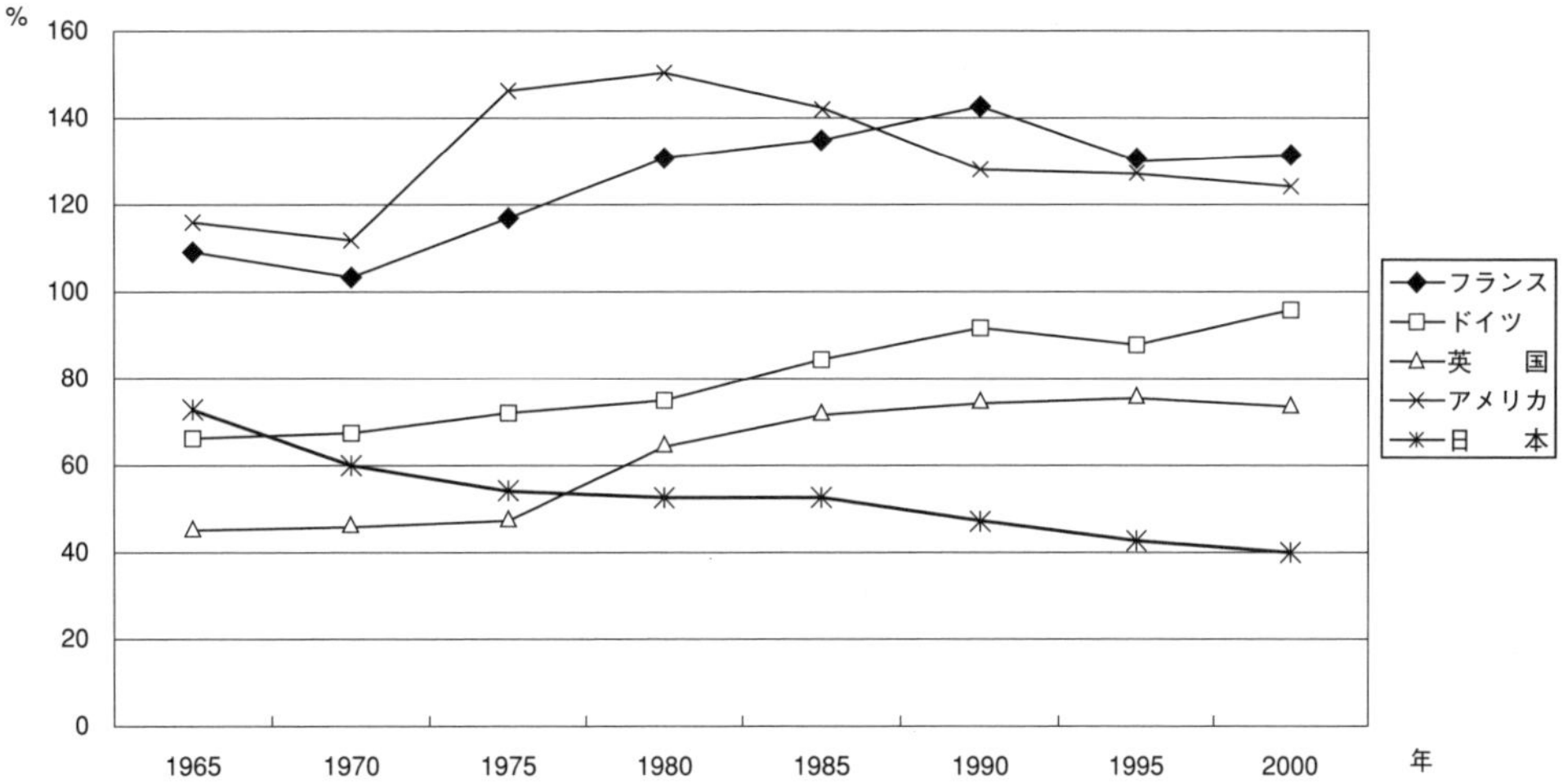

注　食料自給率

食料自給率とは、その国で消費される食料のうちどれだけの割合がその国の国内で生産されているかを示す値です。その計算方法はいくつかありますが、ここでは国民が一日に摂《と》る熱量のうちどれだけを国産の食料でまかなっているかという、熱量を基準とした食料自給率で示しています。

図イ　国民１人あたり供給熱量構成の変化

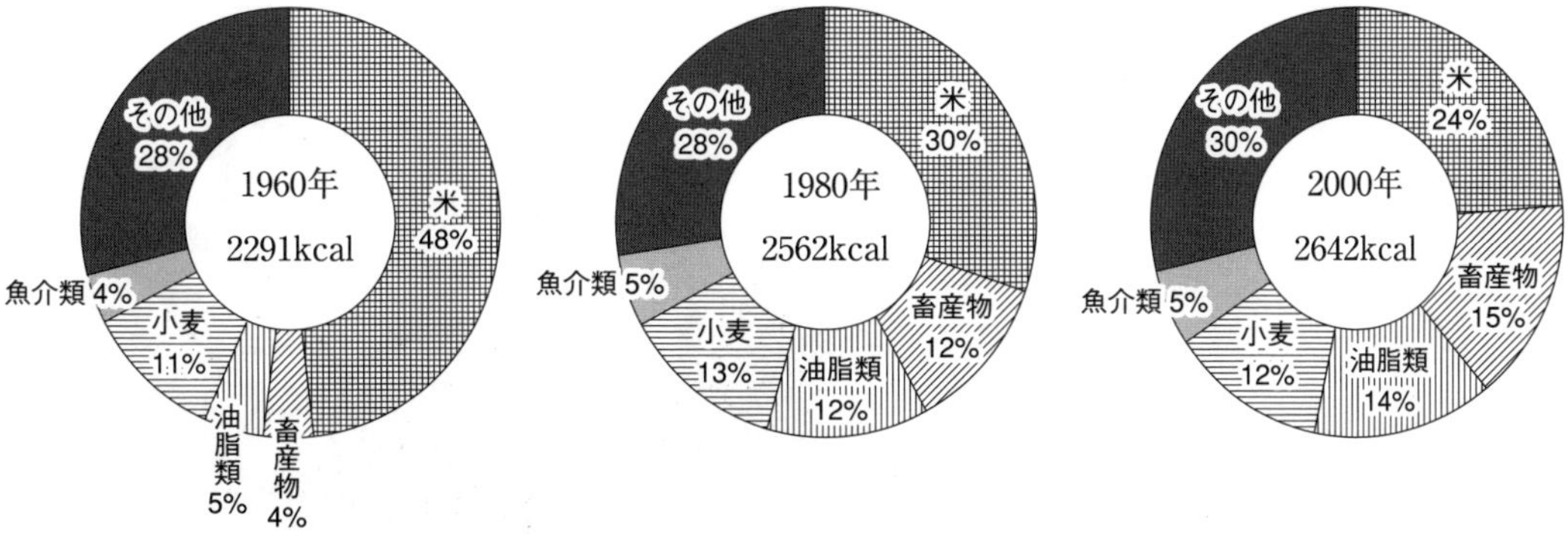

資料出所　図ア、図イともに［農林水産省食料需給表（平成14年度版）］に基づいて作成しました。

第2章　小論文

■（解答例）

問１　アメリカや英国・ドイツ・フランスなどの先進諸国に比べ、日本は明らかに1985年以降「食料自給率」が落ちている。一方、従来の米中心の食生活から欧米なみの多様な「供給熱量」への変化が読み取れる。

（93字）

問２（意見Ｂの立場で）　資料からもわかるように、今日本の食料自給率はすでに40%を切っているとも言われる。アメリカやフランスの100%以上には届かないかもしれないが、世界で何か起きた場合に、日本に食料を優先的に提供してくれる国は果たしてあるのだろうか。僕にはそれが、とても心配である。

悲惨なアフリカ諸国や北朝鮮の例を見るまでもなく、食料は国民生活にとっての生命線だ。お隣の中国でも「人口爆発」の結果、自国の消費者のために大豆の輸出をストップし、輸入に転じている。安く品質がよいからといって輸入に頼るのは、とても危険ではないだろうか。

いざという時のために、やはり自立した「自給自足」態勢は必要だ。現在「地産地消」という試みや、生産者がわかる商品提示も定着してきている。食の安全や環境という観点からも、僕たちの目の届く食料供給は国内生産しかない。

確かに「自給自足」は大切だが、それですべてをまかなうことはできないし、外国からの輸入は必要だ。でも、グローバルな企業間競争の中で、ＢＳＥ（狂牛病）などの問題も発生する。僕たちは、生活の原点に立ち返って、この「食料問題」を真剣に考える時ではないだろうか。

（481字）

◆この「小論文課題」攻略のポイント

①条件の「読み落とし」に注意する！

問題にあるように「段落分けをする必要はありません」とか、「書き出しを一マスあけて」とか、字数制限もあります。内容的にも、「語群から二つ以上の語句を用いること」など、いくつか「条件」がついています。これを守って書くことが前提となりますから、十分に注意しましょう。

②図アと図イとの関連は大まかに考える！

図アの「食料自給率」と図イの「供給熱量構成」の変化は、一見直接的にはあまり関係ないように見えます。ここで考えこむと時間が足りなくなりますから、「食生活の変化で、外国からの輸入が増えた」くらいの感じでまとめましょう。

③与えられた「字数」の八割は埋めること！

原稿用紙で「最低八割を埋める」が鉄則です。内容の繰り返しにならずに、条件の「理由を明らかにしながら論理的」に述べることを心がけましょう。

（類題）

・「なぜ、野菜の輸入が多いのか」（千葉県立下総高校）
・「これからの日本の発展をめざし、国際社会で活躍するために必要なこと」（東京都立杉並総合高校）
・「食料自給率、農用地面積」資料を読んで（相山女学園高校）
・「輸入に頼る日本の現状」資料を読んで（函館白百合学園高校）
・「狂牛病と私たちの生活」（下北沢成徳高校）

資料編

資料①本番で役立つ「推敲《すいこう》」の７原則

資料②図解「作文」構想シート

資料③図解「小論文」構想シート

資料④「テーマ素材」発想シートの使い方

資料⑤図解「作文・小論文」
テーマプロセス整理シート

資料①本番で役立つ「推敲《すいこう》」の7原則

「作文」を書き上げたら、次は見直し、「推敲」ですね。

入試作文の場合、当然「正しい・正しくない」などといった「絶対的な評価」の考え方はありませんから、あくまでも「減点されない」という視点を持つことが最も大事です。つまり、「名文」を書く必要はまったくないということですね。

ですから、「合格」をクリアする総合点に、できるだけ加算するつもりで、それこそ「うまい文章を書こう！」といった変な力みや意識を捨て、「肩の力を抜いて」の取り組みを勧めます。

でも、自分は「うまく書ける」という自信のある人は、もちろん自分の力を十分に発揮して、総合点の「加算」を図って欲しいと思います。

そこで、最後の「不注意なミス」を防ぎ、「減点をされない」作文を仕上げるために、次の「7つの原則」をしっかり押さえておきましょう。**図21**を見てください。

■（「推敲」の7原則）

①字の読みやすさ：くせ字やなぐり書きの、「読みにくい字」になっていないか
②誤字・脱字・略字：「誤字や脱字、略字」はないか
③主語と述語の照応：「主語と述語」の照応は正確か
④かなづかい・送りがな：「かなづかいや送りがな」に間違いはないか
⑤句読点の打ち方：「句読点」の打ち方に誤りはないか
⑥文体の統一：「常体と敬体」の混用はないか
⑦原稿用紙の使い方：「原稿用紙」のマス目の使い方などに誤りはないか

■①字の読みやすさ

①の「読みにくい字」は、印象としてもよくありませんね。これは、楷書ではっきり書く練習をしておきましょう。「字」は、パソコンを使えばいいじゃないか、という考えもあります

図21　資料①：本番で役立つ「推敲」の7原則

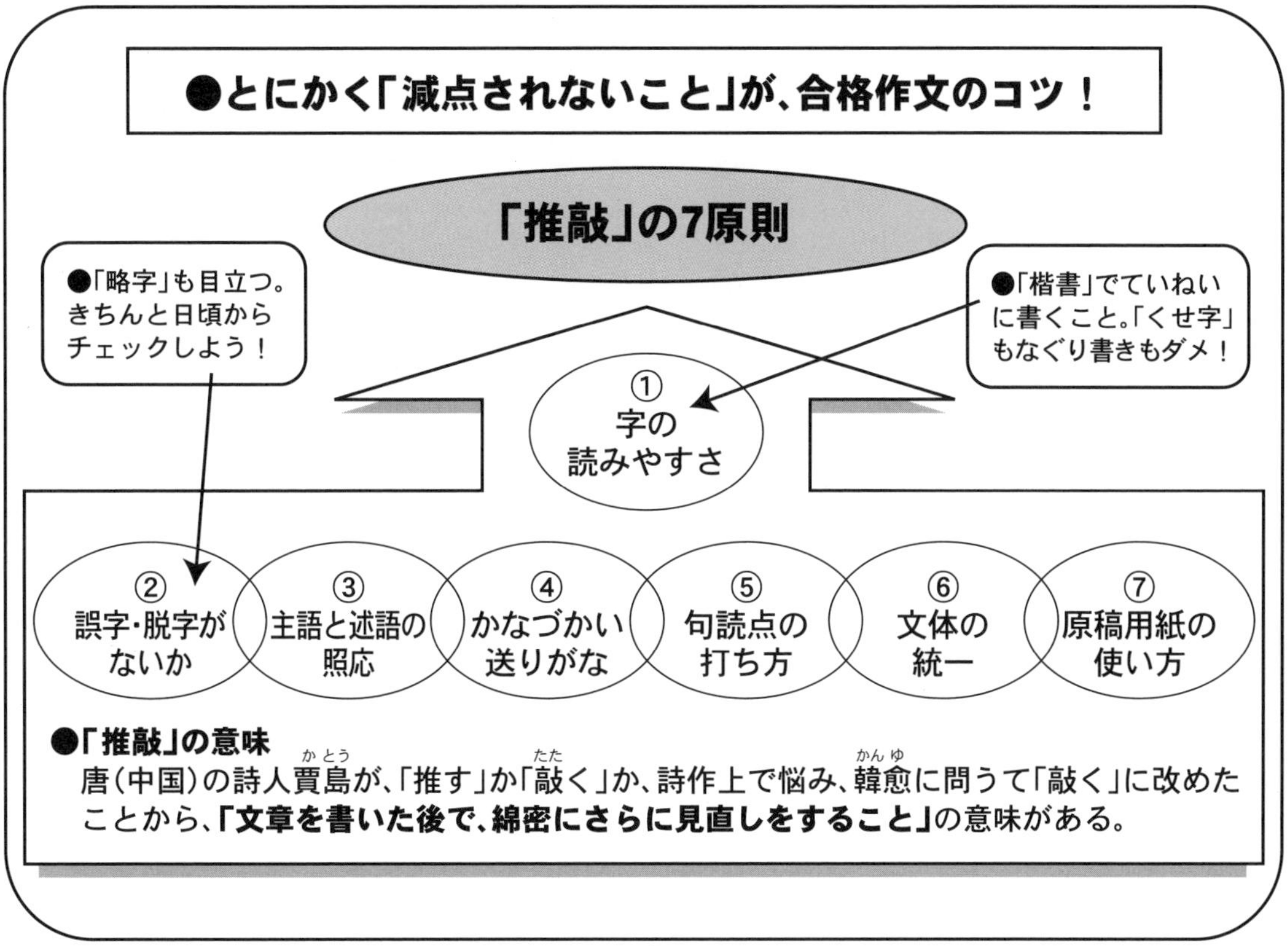
●とにかく「減点されないこと」が、合格作文のコツ！
「推敲」の7原則
●「略字」も目立つ。きちんと日頃からチェックしよう！
●「楷書」でていねいに書くこと。「くせ字」もなぐり書きもダメ！
①字の読みやすさ
②誤字・脱字がないか
③主語と述語の照応
④かなづかい送りがな
⑤句読点の打ち方
⑥文体の統一
⑦原稿用紙の使い方
●「推敲」の意味
唐（中国）の詩人賈島《かとう》が、「推す」か「敲《たた》く」か、詩作上で悩み、韓愈《かんゆ》に問うて「敲く」に改めたことから、「文章を書いた後で、綿密にさらに見直しをすること」の意味がある。

が、将来「就職」の場面になって「履歴書」を準備する時に、「自筆」という条件が出てきます。「字」は一朝一夕には決してうまくなりませんから、今からでもしっかり備えておくと、あとで間違いなく役に立ちます。

■②誤字・脱字・略字　④かなづかい・送りがな

②と④の「誤字・脱字・略字」や「かなづかい・送りがな」の間違いは、決定的です。これは、明らかに「誤り」とわかりますから、必ず「減点」の対象となります。

これを防ぐには、文章を書く時に必ず「国語辞典」などをかたわらに置き、自信のないあやふやな字は、「辞書で引く」という習慣をつけるしかありません。

今は、「電子辞書」などという便利なものも出ていますから、面倒くさがらずに確かめることに尽きます。

「かなづかい・送りがな」も同様です。教科書などで基本的な原則を覚え、「例外」だけを覚えておくとよいでしょう。「送りがな」は、最近「どちらでもよい」という範囲が広がってきましたから、「らぬき言葉」などを含め、あまり神経質になる必要はないと思います。

■③主語と述語の照応

③の「主語と述語の照応」。これができていないと文意が通じなくなり、本当に困ってしまいます。欧米の言語と比較して、日本語の形があいまいだと言われる理由の一つに、「主語の省

略」があります。「お水」、「抱っこ」というように、一つの単語で済ませる場面を思い浮かべてみてください。動作の主体をはっきりさせない日本語の特徴は、「日本語学習」の難しさとしても指摘されています。これ以外にも動作の目的や対象を示す語句が省略されることが多い、これは事実ですね。
　たとえば、次のようなケースです。

これを言った人は、横浜の一市民の言葉です。

　ここは、「これを言った人は、横浜の一市民です」。または、「この言葉は、横浜の一市民のものです」とした方が、意味は通じるでしょう。

■「主語と述語」の関係で覚えておきたいこと

「主語と述語」の関係については、次のことを特に覚えておいてください。

1・「主語と述語」は、正しく結びつくようにすること
2・「主語と述語」は、あまり離れないようにすること
3・「主語」が、何度も変わり過ぎないようにすること
4・「主語や述語」は省いてもよいが、あまり省略しすぎないようにすること

■⑤句読点の打ち方

⑤の「句読点の打ち方」、これは難物です。句点の「。」は、文の終わりにつける、これは誰でも知っていることですが、問題は読点の「、」の方ですね。

■「読点」の3大原則

これを、私は次の「読点の3大原則」として指導しています。

・原則の1…「息継ぎ」で「、」を打つ
・原則の2…「わかりにくい」ところに「、」を打つ
・原則の3…「強調したい」言葉の次に「、」を打つ

　原則の1は、水泳の「息継ぎ」をイメージしてください。これは、肺活量によっても個人差がありますが、要は「音読をして、息がつまりそうなところに『、』を打つ」ということです。
　試験場での「音読」は無理なので、音読をするつもりで、書

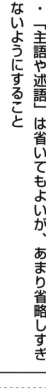

いた「作文」を読んでみましょう。息がつまったり、文章のリズムが自然に流れない時には、「、」を打つ場所を変えてみることで、だんだん自分の「、」を打つポイントがわかってくるはずです。これは「正しい」というよりは、読み手に対して「読みやすい」ように配慮する「好み」の問題なので、あまり気にする必要はありません。

もう一つの原則の2、これは次のような場合です。

「母は泥だらけになって逃げる弟を追いかけた」

たとえば、「母は」の次に「、」を打つと、泥だらけになっているのは「弟」です。では、「泥だらけになって」の次に「、」を打つとどうなるでしょうか？　泥だらけになっているのは「母」ということになりますね。

この他に、「ちょうちょうとんぼ」などのように、「わかりにくい」表現の場合に、「ちょうちょうと、とんぼ」と、間に「、」を打つことで意味が正しく通じるようになります。

原則の3は、原則の2と重なる部分もありますが、たとえば次のような文章を書いたとします。

「僕が十年後になりたい職業は学校の先生です」

普通の意味合いでは、「僕が」の次に「、」を打つことになりますね。でも、「職業」という言葉を強調したければ、「職業は」の次に「、」を打つと印象が違ってきます。先の例文でも「母は泥だらけになって」の次に「、」を打つと、「泥だらけ」が強調され、結果として「泥だらけになった」のは、「母」ということがわかるというわけです。

■特に注意したい「、」を打つべき箇所

この他に、必ず「、」を打っておきたい表現がいくつかあります。代表的なものだけを次に挙げておきますから、覚えておきましょう。

- **長い主語の次には「、」を打つ**…「昨夜遅く帰った父は」の次に
- **重文の境目には「、」を打つ**…「雨が降り風が吹いた」の「降り」の次に
- **会話や引用文の「　」の前には「、」を打つ**…「議長が『山田君』と呼んだ」の「議長が」の次に
- **会話や引用文の後を「と」で受け、そのあとに「主語」が来る場合に「、」を打つ**…「『山田君』と議長が呼んだ」の「と」の次に
- **倒置文のあとに「、」を打つ**…「親切だねえ君は」の「親切だねえ」の次に

資料編

■よく使う「符号」と、その使い方

符号の使い方もけっこう誤りが目立ちます。よく見かけるものとしては、次の符号です。これも間違うと「減点」の対象になりますから、正確に使うことが肝要です。

中線や点線は、二マスを使うのが原則ですが、これはあまり使わない方がよいでしょう。

- ・『　』（二重かぎかっこ）：「　」や（　）の中に、さらに引用する場合や書名を示す時に使う
- ・「　」（かぎかっこ）：会話や語句、文章を引用したり、特に注意して欲しいような言葉を示す場合に使う
- ・（　）（かっこ）：語句または文の次に、特にそれについての注意書きを加える時に使う
- ・――線（中線・ダッシュ）：センテンスの途中で説明を加える場合や、その下の文章の省略を示す時に使う
- ・……線（点線・てんてん）：中線と同様センテンスの省略に使う。余韻を残す効果がある

この他に、「?（疑問符）」とか「!（感嘆符）」といったものがありますが、これらはできるだけ使わないように、私は指導しています。「!」などは、つい使いたくなってしまう符号ですが、「原稿用紙」のマス目の使い方で混乱することが多く、入試では避けた方が賢明でしょう。これらの符号を使わなくても、十分に意味は通じるはずです。

■⑥文体の統一

⑥の「文体の統一」。「常体と敬体」の混用も、「作文や小論文」では、よく見られるミスです。

初めは「です・ます」調の「敬体」で書いていたのが、途中で「だ・である」調の「常体」に変わっているというケースですね。これは、歌っている本人が気がつかないうちに、どこかで「音程が狂ってしまう」音痴症状と似ています。ですから、読み手は「読むに耐えない」印象を持ちかねません。

文章ではどちらでもOKですが、「敬体」か「常体」か、いずれかに統一することは、文章表現の大原則です。心して守るようにしましょう。

■⑦原稿用紙の使い方

最後に⑦の「原稿用紙」の使い方。

これも自己流で書いてある受験生が目立ちます。教科書の裏表紙などに、「原稿用紙の使い方」として整理されているものだけに、ぜひ正確さを期してもらいたいものです。ここは、「書き出しや段落分けの時には、文頭の一字を必ず空ける」など、「マス目の使い方」を中心に覚えておくとよいでしょう。

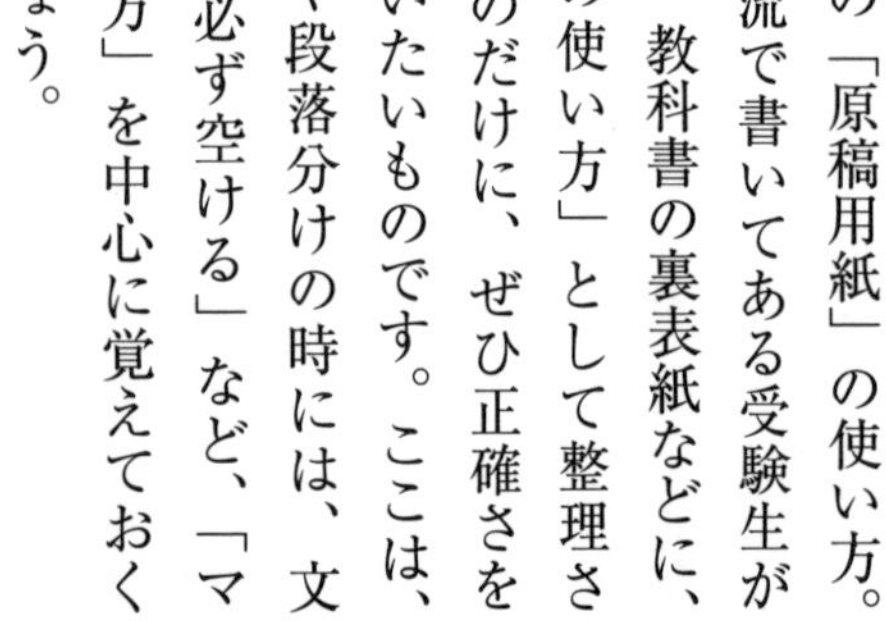

◎図解「作文」構想シート

◆課題

●「主題」に沿った素材を選ぶ

①
②
③

☆具体的な場面とエピソード

◆主題
最も読者に
伝えたいこと

◆その「主題」の背景
なぜ、伝えたいのか？
なぜ、そう思うのか？

◆起	◆承	◆転（ヤマ場）	◆結
書き出し	続き	クライマックス	結び

●使い方●

本文でも触れていますが、作文は「課題」が与えられた時点で、主題に沿った「素材選択」が最大のポイントとなります。具体的な場面とエピソードをイメージしながら、3つほど材料を挙げてみましょう。ここから最終的に一つに絞ります。

次に「主題」、つまり「最も読者に伝えたいこと」をズバリ40字程度で言い切ってスペースに記載してください。これが「文章の柱」、座標軸となります。また、その「主題の背景」を押さえておくことも大切です。「なぜ、そう思うのか、なぜ、それを伝えたいのか？」という問いかけにきちんと対応ができるようにするためです。「何となくそう思った」では、評価が低くなることは避けられません。この背景説明は、最初の「素材選択」と重なります。「こういう体験から、こう思う」という流れですね。

最後に「起承転結」といった、文章構成を大まかに考えてみましょう。書き出しをどうするか、クライマックス（ヤマ場）を設定し、どうつなぎ、どう締めくくるか、メモ程度でOKです。「文の組み立て」を工夫してみてください。

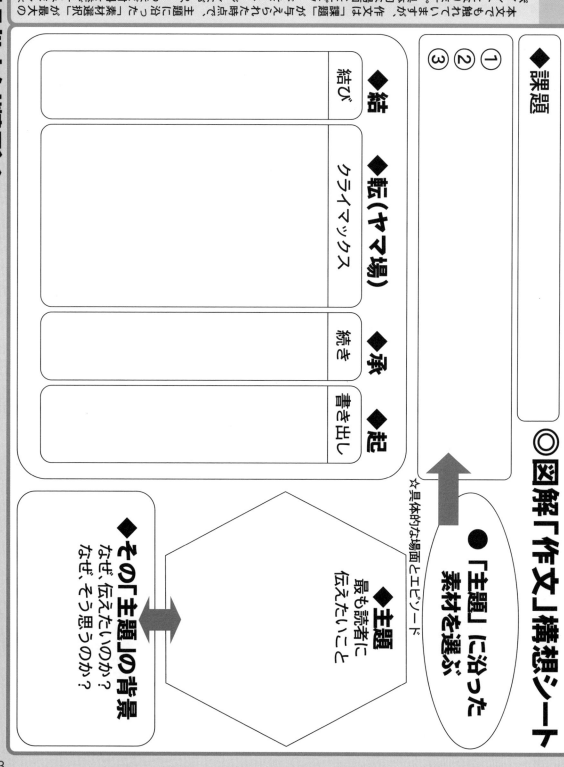

資料③図解「小論文」構想シート

●使い方●

小論文も作文と一緒です。「論題」に沿って、与えられた「資料文の要旨・テーマの問題点・データの分析」などを、３つほどに整理することが第一の作業です。

次に「主題文」（主張・意見）の記載。そして「意見・主張の理由や背景」を押さえます。

最後に「序論・本論・結論」といった、文の組み立てを考えてみましょう。

この「構想」シートは、どちらも簡単なメモ程度でかまいません。また、いろいろ書き込んでもよいでしょう。要は、受験生の皆さんが本番に備えて、「こういう組み立てで考えればいいんだな」というイメージの定着化を図るためのものです。ぜひ活用して自分のものにしてください。

◎図解「小論文」構想シート

◆論題

①資料文の要旨
②「テーマ」の問題点
③資料図・データの分析

☆３つに絞って、簡潔に要約！

①
②
③

◆主題文
（主張・意見）
☆ズバリと言い切ってみよう！
（100字程度）

◆意見・主張の理由＆背景
なぜ、そう考えるのか？

◆結論	◆本論（A3:B2の割合）		◆序論
①テーマの再確認 ②意見＆主張のまとめ	B.＜NO・マイナス＞ 結論とは反対の事例	A.＜YES・プラス＞ 結論と結びつく根拠・背景となる事例	①要旨の解説 ②意思表示 ③問題提起

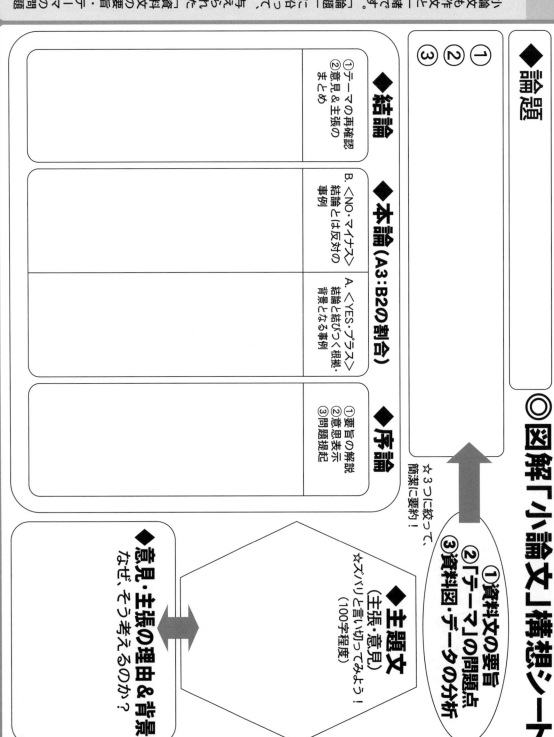

資料④「テーマ素材」発想シートの使い方

●使い方●

これも、本文中で説明しましたが、Ａ４判くらいの紙に大きく９つのマス目を書き、真ん中に「中心テーマ」を書き込んで、それに関連する項目を８つ考える、つまり周りのマス目をすべて埋めるという作業です。

発想をどんどん広げていく「ツリー式」などという方法もありますが、私の体験上、このくらいの枠で深掘りをした方が、作文・小論文では効果があるようです。学校のイベントを考えたり、委員会などのメンバーを募るときや志望校選択など、応用範囲はとても広いですから、ぜひマスターして慣れておくと後で役に立ちます。

◎「テーマ素材」発想シートの使い方

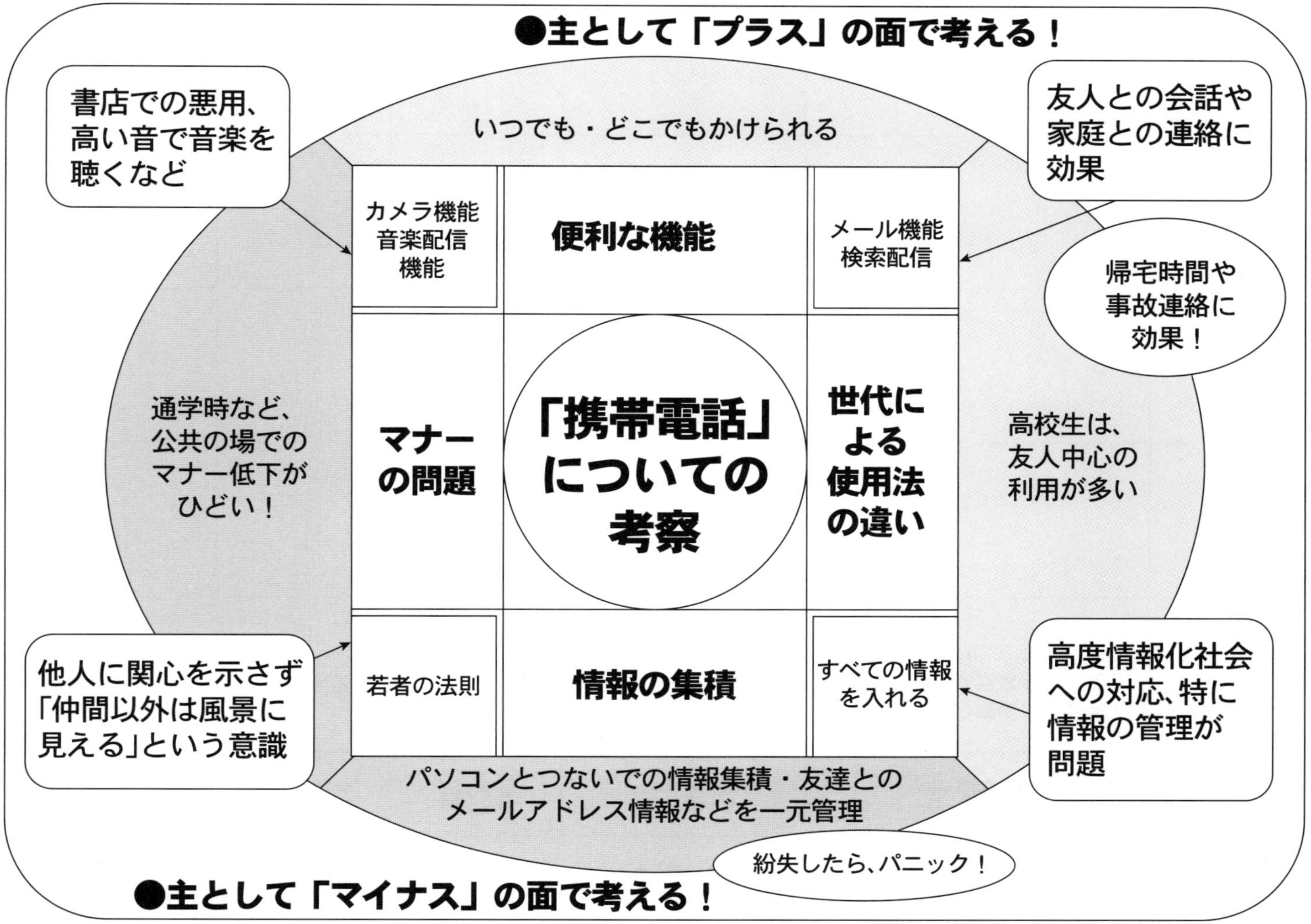
●主として「プラス」の面で考える！
書店での悪用、高い音で音楽を聴くなど
いつでも・どこでもかけられる
友人との会話や家庭との連絡に効果
帰宅時間や事故連絡に効果！
カメラ機能
音楽配信
機能
便利な機能
メール機能
検索配信
通学時など、公共の場でのマナー低下がひどい！
マナーの問題
「携帯電話」についての考察
世代による使用法の違い
高校生は、友人中心の利用が多い
他人に関心を示さず「仲間以外は風景に見える」という意識
若者の法則
情報の集積
すべての情報を入れる
高度情報化社会への対応、特に情報の管理が問題
パソコンとつないでの情報集積・友達とのメールアドレス情報などを一元管理
紛失したら、パニック！
●主として「マイナス」の面で考える！

●使い方●

これは、受験直前での整理用に使うシートです。ここでは「小論文」用だけを紹介しましたが、「作文」用も同じように作って本番に臨むと、とても役立ちます。

作文にしても、小論文にしても、いろいろ「書いた」文章が、そのまま放置状態になっている場合が多いようです。できれば「見直しや書き直し」が理想的ですが、他の教科学習に手一杯で、なかなか「作文・小論文」までには時間が取れないでしょう。

そこで、最後の「読み直し」を兼ねて、この「整理シート」を活用しましょう。「このテーマでは、この素材で、このような構成で書いた」という一連の流れを押さえておくということです。試験でよく出される「課題」は、本文でも取り上げたように、だいたい決まっています。今までの「課題と解答文章」を整理することで、本番に向けての「自信と落ち着き」が満ちてくるはずです。ぜひ、このシートも有効活用してください。

◎図解「作文・小論文」テーマプロセス整理シート（小論文用）

課題テーマ	主題文	序論	本論A	本論B	結論
＜例＞ 授業中のメール	メール使用はよくない。	メール使用はかまわないという意見もあるが、そうだろうか。	確かに、他人には迷惑をかけないかもしれない。	しかし、自分の成績には影響があるはずだ。クラス全体への雰囲気も問題だ。	授業中のメールはやめるべきだ。

☆「作文」用は、それぞれ「段落」ごとに置き換えて作成してみてください。

首都圏版●私立・公立高校合格　改訂三版
推薦と一般入試の
図解でわかる!!　作文・小論文
2021年6月　第1刷発行

発行所　株式会社　声の教育社
〒162-0814　東京都新宿区新小川町8-15
電話　03-5261-5061(代)
https://www.koenokyoikusha.co.jp